U0873030

2022 年陕西省财政专项资金资助、西安翻译学院“双一流”建设资助

神秘的抽屉

——英美短篇小说荟萃

蒋小军　谢宇恒　译
梁根顺　审校

西南交通大学出版社
·成　都·

图书在版编目（C I P）数据

神秘的抽屉：英美短篇小说荟萃 = The Mysterious Drawer：The Cream of English Short Stories：英汉对照 / 蒋小军，谢宇恒译. —成都：西南交通大学出版社，2023.4

ISBN 978-7-5643-9234-5

Ⅰ. ①神… Ⅱ. ①蒋… ②谢… Ⅲ. ①英语－汉语－对照读物②短篇小说－小说集－英国③短篇小说－小说集－美国 Ⅳ. ①H319.4：I

中国国家版本馆 CIP 数据核字（2023）第 053572 号

Shenmi de Chouti—Yingmei Duanpian Xiaoshuo Huicui

神秘的抽屉——英美短篇小说荟萃

The Mysterious Drawer：The Cream of English Short Stories

蒋小军 谢宇恒 译

责任编辑	孟 媛
封面设计	阎冰洁
出版发行	西南交通大学出版社 （四川省成都市金牛区二环路北一段 111 号 西南交通大学创新大厦 21 楼）
发行部电话	028-87600564 028-87600533
邮政编码	610031
网址	http://www.xnjdcbs.com
印刷	成都蜀通印务有限责任公司
成品尺寸	170 mm × 230 mm
印张	13
字数	220 千
版次	2023 年 4 月第 1 版
印次	2023 年 4 月第 1 次
书号	ISBN 978-7-5643-9234-5
定价	60.00 元

图书如有印装质量问题 本社负责退换

版权所有 盗版必究 举报电话：028-87600562

译者序
Preface

作为从事英美文学方面的教书匠，我把《神秘的抽屉——英美短篇小说荟萃》看作一个装满宝藏的抽屉。这个抽屉不仅神秘，而且内容丰富多彩，匣子中选取的文学作品皆为享有盛誉的短篇小说。当然，一千个读者心中就有一千个哈姆雷特，每位译者对这些流传至今的文化精粹的理解也是仁者见仁、智者见智，本书中每部作品也是我和谢老师理解之后的再创作，算是“带着镣铐的舞蹈”，即使自感文笔秀美，流畅顺达，可能传情达意方面也会差强人意，难以水乳交融。因此，我加入个人翻译风格对这些作品中跌宕起伏的情节做了重新诠释，以表对所选经典篇章的崇高敬意。

因为个人爱好的驱使，我平素就对英国作家奥斯卡·王尔德（Oscar Wilde，1854—1900）、美国心理分析小说的开创者纳撒尼尔·霍桑（Nathaniel Hawthorne，1804—1864）、美国批判现实主义文学的奠基人马克·吐温（Mark Twain，1835—1910）、美国著名短篇小说家欧·亨利（O.·Henry，1862—1910）等一众文坛巨匠的作品爱不释手，品味原著已不能满足我的文学追求，所以在翻看了那些翘楚的中文译本，感觉并不能淋漓尽致地展现作者想要表达的深刻内涵后，职业素养让我寝不安席、夜不成寐，于是，就有了本书的立项。如何能让这些伟大的作品在我们的翻译下重新焕发时代的光辉，给读者留下更自由的想象与思考乃至再创作的空间呢？这一直是我们翻译的初衷。2019 年末，我与谢老师带着自信和兴趣开始遴选经典篇章，选择的过程“痛并快乐着”。

经过三个月的精心遴选，我们最终选取了英美两国在不同时期具有代表性的26篇短篇小说，另外还选取了2篇来自澳大利亚作者亨利·劳森的作品，亨利·劳森的作品也向我们展现了澳大利亚本土文化特色和独有的风格，使我们能一隅窥而见天地。将它们重新翻译，一是力争将这些伟大作家的经典作品以全新的视角结合独到的个人研究心得，“接地气儿”的展示给读者，让读者不再有“经典名著高不可攀/绠短汲深”的旧念；二是根据时代的发展，对这些文化精品进行翻新重译，力求达到“信、达、雅”三位一体的效果，以适应当前各年龄层次读者的阅读水平和习惯。期盼我们的译本能成为读者心目中的新经典，翻译时我们力求通顺流畅，忠实原文，可读性强，这样不仅对读者负责，也对得住这些传世名著的作者。

笔者在高校分别从事外语教学和英美文学研究十几年了，除了上述翻译目标，还希望这本译著可以作为高校翻译专业的教材或参考读物。然而，此次翻译毕竟只是一种新的尝试，谬误在所难免，译文质量究竟如何，请诸位读者予以评判，更希望专家同行不吝赐教。

蒋小军

谢宇恒

2022年1月5日

目录
Contens

1 女人乎？老虎乎？

◎弗兰克·斯托克顿

很久很久以前，有一个未开化国家的国王。他的思想被遥远的讲着拉丁语的国家的进步思想所磨砺，但他仍然野蛮成性、爱出风头、粗暴无礼，没有一点儿邻国的风度和修养。他是一个想象力极其丰富的人，而且，他的权威是如此不可质疑，以至于按照他的意愿，能把他脑子里的奇异想法变为现实。当然这一切都因为他是国王。他非常喜欢生活在自己的世界里自我交流，只要他认准的事情，就一定这样照办了。当他的家庭和政治体系的每一个成员都在他的意志和其指定的路线上顺利进行时，他给人的印象就是和蔼可亲的；但是，每当有一点小麻烦，或者有一些事情不符合他的心愿时，他就会强制一切按照自己的意愿来，只有这样，他的内心才会变得舒畅。因为没有什么比让弯曲的地方变直，把不平的地方压扁更让他高兴的了。

他用从邻国所学习来的先进思想把他的想法在自己的国家变得更加具体化了。他认为，应该有一种方法能使他的臣民的思想得到提高和完善，而他这种怪异的想法最终会成为现实。那就是修建一座竞技场，他修建的这座竞技场不是为了让人们有机会听到垂死的角斗士的嘶吼，也不是兽类相互争斗分出输赢，更不是把宗教异教徒抛给老虎作为惩罚。他想修建竞技场的目的是扩大和发挥国民的精神力量。这座巨大的圆形剧场，有环绕的长廊、神秘的拱顶和看不见的通道，是一座富有诗意的所谓正义的化身，在其中，罪犯被惩罚，美德被奖励，一切都全凭运气。

当一个臣民被指控犯有足以引起他兴趣的罪行时，他就会下命令在竞技场上决定他们的命运，这种安排再恰当不过了。因为，尽管他所用的方法来自远方，但他的目的完全来自自己的大脑。就这样一个小小的王国，国王之所以产生这些怪念头，他也不知道对那个传统的效忠是否超过了他的想象。即在竞技场上的偶然来决定一个人的命运，全是来自他荒诞的空想。

当所有的人都聚集在长廊里，国王在宫廷贵族的簇拥下，高高地坐在竞技场一侧的王室宝座上时，他发出一个信号，他身下的一扇门打开了，被控制的对象走到了圆形剧场里。在他的正对面，封闭空间的另一侧，有完全一样的两扇门，并排而立。受审者的唯一选择就是直接走到这些门前，他可以打开他喜欢的任何一扇门。他没有任何依靠，全凭运气——这是所谓的“公正”。如果他打开那扇门，一只饥饿的老虎从里面出来，是最凶猛、最残酷的老虎，老虎立即扑向他，把他撕成碎片，作为对他犯罪的惩罚。当罪犯的案件得到裁决的那一刻，悲哀的铁钟被敲响，竞技场外雇佣的哀悼者们发出了巨大的哀号，广大观众低着头，垂头不语，慢慢地走在回家的路上，为一个如此年轻和美丽，或者如此年长和受人尊敬的人，得到如此可怕的命运，感到悲哀。

但是，如果受审者打开另一扇门，就会有一位女士从里面走出来，她是国王在他美丽的臣民中所能选择的最适合他的年龄和地位的人，受审者就会立即与这位女士结婚，作为对他清白的奖励。他可能已经有了妻子和家庭，或者他可能被他自己选择的爱人所吸引，这都并不重要；国王不允许任何事情来干扰他伟大的设计。的确，这位漂亮的女士刚一出现，国王座位下面的另一扇门就打开了，牧师、音乐师、歌唱家和舞蹈团的人员全都走了出来，他们兴高采烈地唱着跳着向前行进，为站在竞技场中间的这对新人祝福。喜庆的钟声伴随着观众们高喊赞誉的声音，在孩子们的簇拥下，鲜花撒在这对新人的路上，就这样，这位清白无罪的人领着新娘回家了。

这就是国王施行公正且残暴的方式，它的公平性是显而易见的。被告不可能知道哪扇门后边是女士，或是凶残的老虎，打开哪一扇门完全由他自己决定，根本不知道下一时刻他是被老虎吃掉或是跟女人结婚。在某个时候，老虎从这一个门里跳出来；在另外某个时候，老虎又会从另一个门里跳出来。在这一方法中，即刻的惩罚会降临到有罪的人头上，同时，即刻的奖赏也会赐给一个清白无罪的人——无论被告要不要奖赏，被告都不可能逃脱国王竞技场的判决。

这一作法是非常受欢迎的。当人们在某个伟大的审判日聚集在一起时，他们从不知道他们是要见证一场血腥的屠杀还是一场热闹的婚礼。这种不确定性的因素给这个场合带来了更多的神秘感，而这是其他方式所不能达到的。因此，群众得到了娱乐和快乐，社会上有知识和思想的人不能对这一计划提出不公平的指控，因为被告人不就是把整个事情掌握在自己手中吗？

这个未开化的国家的国王有一个女儿，就像他最绚丽的想象一样自由地盛开着，并且有着像他一样疯狂和热情的灵魂。她是他的掌上明珠，因此国王对女儿的爱超过了一切。和许多童话故事里的情况一样，公主爱上了一个比她身份要低很多的年轻人，他是一个无贵族称号的平民。这位王室少女对她的情人很是喜欢，因为他英俊的面容和在这个王国里无与伦比的勇敢，这位公主所具有的十分野蛮的性格使得他们的恋爱故事牵动着人们的心……太引人注目了，以至于他们的恋爱故事仅保密了几个月，最终还是被国王发觉了。

国王毫不犹豫地把这位年轻人投入监狱，并选择时日在竞技场进行审判。他们都了解国王对这次审判的兴奋与期待。以前从未发生过这种情况，有臣民敢于爱国王的女儿。在以后的岁月里，这样的事情变得司空见惯，但是，在那时公主和这位青年的故事，在很大程度上是新奇和惊人的。

国王让手下在王国的范围内寻找最凶猛的老虎，同时在全国的范围内寻找最美丽的少女，以便万一被告被审判为清白无罪，他就会有机会迎娶新娘。当然，人人都很清楚这位青年人所犯的“罪行”就是爱上了公主，但是国王不允许这样的事情发生，在竞技场来审判这位年轻人的决定也不会改变。审判如期而至，无论发生什么事情，这位年轻人都只会有一个结果：要么死亡，要么结婚。对于国王来说，这只是一次消遣罢了。这件事对于年轻人来说，也决定着他爱上公主这件事是对是错。

审判的这一天到了。人们从远处和近处聚集过来，拥挤在竞技场的大长廊上，而无法进入的人群则聚集在竞技场的外墙上观看。国王和他的贵族们坐在他们的位置上，两扇门是如此的相似，又是如此的可怕。一切都准备好了，门打开了，公主的情人被允许进入竞技场，全场的人凝声屏气，静静地观看着，他高大、白皙，他的出现引起了一阵低沉的赞叹和焦虑。一半观众竟不知道有如此充满魅力的人生活在他们中间，难怪公主会爱上他！另一半人则为之遗憾，他的出现是一件多么可怕的事情。

当青年进入竞技场时，他按照惯例转身向国王鞠躬，但他根本没有去想那里坐的都是皇室成员。他的眼睛盯着公主，她坐在她父亲的右边。如果不是因为她天性中的那点野性和热情，很可能这位公主就不会出现在那里，但她那狂热的性格不允许她在这样的场合缺席。从她的爱人要在国王的竞技场上决定自己的命运的那一刻起，公主日日夜夜地思考这次审判日已好长时间了。公主以她如此身份所拥有的权力、影响和力量，做了其他人做不到的事情——她掌握了门后的秘密。她知道在这两扇门后面的两个房间里，哪一个是老虎的笼子，而哪一扇门后等候着的是一个漂亮女人。通过这些厚厚的门和里面那厚厚的皮帘子，从里面传来的声音或任何举动，是不可能传到外面任何人耳朵里去的，即便是走近去拉开其中一扇门的门闩的人。但是金子和女人的能量，把这个秘密带给了公主。

她不仅知道哪个门后里站着那位美丽漂亮的女士，而且还知道那位美丽漂亮的女士是谁，一旦她的房门被打开，她就会满面红光地出现，她是宫廷中最美丽、最可爱的那位，她被选为接受审判的年轻人的奖励，一想到她的爱人将要和这个女人生活在一起，她就十分生气。她痛恨这个女人，也痛恨将要发生的一切。她经常看到，或者想象自己看到，这个美丽的女人向她的爱人投去爱慕的目光。有时她看到他们在一起谈话，那只是一两分钟，但在短暂的时间里可以说很多话。可能是最不重要的话题，但她怎么能知道呢？这个女孩很可爱，但她敢于把目光投向公主的爱人，公主憎恨那站在沉默的门后红着脸并一直颤抖的女人。

当她的爱人转过身来看着她，她坐在那里，二人目光相遇，她的脸色比周围焦虑的茫茫人海中的任何一个人都要苍白，他能感知到与他灵魂合二为一的公主知道这一切，她知道哪扇门后面蹲着老虎，哪扇门后面站着女士。他早就料到她会知道这一点。他了解公主的个性，而且他的灵魂确信，在公主向自己说明这件事之前，她是不会罢休的，因为这件事对所有其他人，甚至对国王来说都是隐密的。对年轻人来说，唯一有把握的希望是建立在公主知道门后的秘密的基础上。当他看到她的那一刻，他知道她已经成功了，因为在他的灵魂深处，他知道她会成功。

随后就是他快速而焦急的一瞥，像是在问“哪个？”。对公主来说，这句话就像是她的爱人站在那里喊出来的一样明显。没有任何时间可以浪费。问题是在一瞬间提出的，必须在另一瞬间得到回答。

公主的右手正放在她面前的枕垫上面，她举起手来，朝着右边做了一个轻微而快速的动作。除了她的爱人，没有人看得到。除了他的眼睛之外，每个人都在盯着竞技场上的那个人年轻人。

他转过身来，以坚定而快速的步伐走过空旷的竞技场。每颗心都停止了跳动，每口气都被憋住了，每一双眼睛都盯着他的脚步。他没有丝毫的犹豫，走到右边的门前，打开了门。

从门里出来的是老虎，还是女人？

我们对这个问题思考得越多，就越难回答。这涉及对人的心理研究，它引导我们穿过激情的狡猾迷宫，很难找到出路。亲爱的读者，请想一想，这个问题不是取决于你自己，而是取决于那位热血的、野性的公主，她的灵魂在绝望和嫉妒的双重火焰下炙热地灼烧。她已经失去了他，但谁应该拥有他？

多少次，在她清醒的时候和在她的梦中，她疯狂地、惊恐地喊起来，她用手捂住脸，因为她想到她的爱人打开了门，门的另一边等待着老虎残酷的獠牙！但是，她又有多少次想到她的爱人打开了门。但她在另一扇门前看到他的次数又有多少呢？在她悲痛的遐想中，当她看到他打开那位女士的门欣喜若狂的样子时，她是多么咬牙切齿啊！她的灵魂多么痛苦地燃烧着。当她看到他冲向那个女人，带着她红润的脸颊和眼中闪烁着胜利时，她的灵魂是多么痛苦地燃烧着；当公主看到他把她领出来，他的整个身体被恢复生命的喜悦所点燃；当她听到众人高兴的呼喊和快乐钟声的狂响；当她看到牧师带着他快乐的簇拥者们走到这对夫妇面前，在她眼前让他们成为夫妻；当她看到他们一起走在鲜花的道路上，后面是热闹人群的巨大呼喊，她那绝望的尖叫声被淹没在其中！这时，她才意识到自己的错误。

对他来说，立即死去，去他能够去的某个地方等她，不是更好吗？然而，那只可怕的老虎，那嘶吼声，那些鲜血！她的决定已在瞬间表明。她的决定是在一瞬间做出的，但这是在经过几天几夜的痛苦思索后做出的。她知道她会被问道，她已经决定了她要回答的问题，而且，她没有丝毫的犹豫就把她的手移到了右边。

她的决定是一个不能轻易考虑的问题，而我也不能自以为是地把自己当作能够回答这个问题的人。因此，我把这个问题留给大家。

我亲爱的读者：打开门出来的是哪一个呢？

——女人乎？老虎乎？

《女人乎？老虎乎？》
英文赏析

2 山盟海誓

◎欧·亨利

当你热爱自己所追求的艺术时，就会觉得没有什么不能牺牲。

然而这只是我们讨论的前提。通过下面这个故事我们会得出一个结论，以此证明那个前提的荒谬。从逻辑学上看，这个结论只算一件新事物，可是从讲故事的角度来看,这个结论却算得上一件比中国万里长城更古老壮丽的艺术品。

乔·拉腊比来自一个长满星毛栎的中西部平原，从小就展露出极高的绘画天赋。他六岁时画了一幅风景画，画上有镇上的抽水机和一个匆匆走过、有声望的居民。这幅画被装裱起来、配上画架，和几排参差不齐的玉米穗棒子一起放在药房的橱窗里。他二十岁时，系着一条飘逸的领带、带着一个干瘪的钱包背井离乡来到纽约。

迪莉娅·卡拉瑟斯生长在南方一个松林葱郁的小山村，她有极为出色的音乐天赋，能把六音阶之类的乐谱玩出花儿来，所以亲戚们为了让她去北方"深造"，帮她筹了笔钱。他们没有看到她，这就是我们下面要讲的故事。

乔和迪莉娅在一个画室相遇了。许多热爱美术和音乐的人经常在那儿聚会，他们讨论画面的明暗对比、瓦格纳的音乐、伦勃朗的绘画、瓦尔特托费尔的作品、壁画、肖邦和奥朗。

乔和迪莉娅为彼此着迷，或者说就像你们想的那样——他们一见钟情，短期内就结了婚——因为（参看上文）当你热爱自己所追求的艺术时，就会觉得没有什么不能牺牲。

拉腊比夫妇租了一套公寓，开始经营自己的小日子。但公寓在一个岑寂的地方——凄怆得像是钢琴键盘左端的升 A 调。可是夫妇俩很幸福，因为他们有各自热爱的艺术，还有彼此。我想劝告富有的年轻人：为了争取同你热爱的艺术以及你的迪莉娅住在公寓的权利，赶快变卖所有的东西，施舍给穷苦的看门人吧。

住公寓的人一定都赞成我的论断：公寓生活真正的快乐唯有住户自己创造。只要家庭幸福，房间小又何妨——把梳妆台放倒当作台球桌；把火炉架改造成练习划船用的器材；把写字台当作次卧；把洗脸台当作竖琴；也就是说即使可能家徒四壁、小如牢笼，你同你的迪莉娅仍旧可以在里面幸福安乐。可是倘若家庭不幸，随家怎么宽敞——你从金门进去，把帽子挂在哈特拉斯上，把披肩挂在合恩角上，然后穿过拉布拉多出去，到头来也是枉然[①]。

乔在著名画家马吉斯特那儿学习绘画——大家都知道这位大师的声望。他收费高昂，课程轻松——他的成就轻松地让自己名声大噪。迪莉娅在罗森斯托克那儿学习音乐，大家也都知道这位大师出了名的专跟钢琴键盘过不去。

只要拉腊比夫妇的钱还够用，他们的生活就非常美满。世俗夫妻都是这样——算了，我不愿意说愤世嫉俗的话。夫妇俩的目标非常清晰。乔很快就能有佳作问世，然后那些鬓须稀朗而钱袋厚实的老绅士们就会争先恐后地挤到他的画室里来抢购他的作品。迪莉娅开始熟悉这个城市的音乐圈子，她虽热爱音乐，但对俗世法则满不在乎；如果看到剧院正厅和包厢不满座，她就会推托喉咙痛，拒绝登台，转头在自己专用的餐厅里吃龙虾。

依我说，最美满的还是那个小公寓里的家庭生活：学习了一天之后的情话絮语；舒适的晚饭和新鲜清淡的早餐；关于彼此志向的交流——他们不但规划自己的未来，也关心对方的志向，否则婚姻就没有意义了——互助和鼓励；还有——晚上十一点钟吃的菜裹肉片和奶酪三明治。

---

① 金门是美国旧金山湾口的海峡；哈特拉斯是北卡罗来纳州海岸的海峡，与英文中“帽架”谐音；合恩角是南美智利的海峡，与“衣架”谐音；拉布拉多是赫德森湾与大西洋间的半岛，与“边门”谐音。

可是没过多久，夫妻俩的艺术世界就开始动摇了。即使没有人刻意触碰，它自己也会开始从内里崩坏。俗话说得好，坐吃山空；应该付给马吉斯特和罗森斯托克两位名师的学费也没有着落了。当你热爱自己所追求的艺术时，就会觉得没有什么不能牺牲。于是，迪莉娅说，她得出门当家教，以免断炊。

她在外面奔走了两三天，招揽学生。一天晚上，她兴高采烈地回来了。

“乔，亲爱的，”她快活地说，“我招到学生啦。哎哟，那家人真好。一位将军——艾·比·平克尼将军家的小姐，住在七十一号街。多漂亮的房子，乔——你该看看那扇大门！我想就是你说的那种拜占庭式[①]。还有屋子里面，噢，乔，我从没见过那样豪华的装饰。

“将军的女儿克莱门蒂娜居然成了我的学生。我一见她就欢喜极了。她是个柔弱的小美人——老穿着白衣服；但态度是那么谦和可爱！她只有十八岁，我一星期教三次课。你想想看，乔，每节课五块钱。费用虽然不高，可我一点儿也不在乎。等我再招到两三个学生，我就可以回罗森斯托克先生那儿继续学习了。好啦，别皱眉啦，亲爱的，让我们美食一顿吧。”

“你真棒，迪莉，”乔边说边用斧子和雕刻刀开凿一个青豆罐头，“可是我该怎么办呢？你觉得我能让你忙着挣钱，而我自己却能心安理得地在艺术的领域里继续追逐吗？我以本范努托·切利尼[②]的骨头赌咒，绝对不能！我想我能卖卖报纸，搬石子铺马路，多少也能挣一两块钱回来。”

迪莉娅走过去，勾住他的脖子。

“乔，亲爱的，你真傻。你一定要坚持学习。我并没有放弃音乐而投身其他琐事。我在教别人的同时，自己也能巩固所学。我永远都不会放弃我的音乐。何况我们一星期有十五块钱，可以过得像百万富翁那般快乐。所以你千万不要放弃向马吉斯特先生求学的机会。”

“好吧。”乔说道，拿起那个蓝色的贝壳碟。“可我不愿意让你去教课，那

① 6 世纪至 15 世纪间，在东罗马帝国风行的建筑式样，特点是圆屋顶，拱形门，细工镶嵌。

② 本范努托·切利尼（1500—1571）：意大利著名雕刻家。

不是艺术。你做出这样的牺牲真了不起，真叫人钦佩。”

“当你热爱自己所追求的艺术时，就会觉得没有什么不能牺牲。”迪莉娅说。

“我在公园里画的那幅素描，马吉斯特说上面的天空画得很好。”乔说。“廷克尔答应我，可以在他店里的橱窗上挂两幅画。如果有幸能碰上一个有钱的傻瓜，可能会卖掉一幅。”

“我相信一定能卖掉。”迪莉娅亲切地说。“现在让我们来感谢平克尼将军和这烤羊肉吧。”

接下来的一个星期，拉腊比夫妇每天都起得很早，吃完早餐，乔便兴致勃勃地说要去中央公园在晨光下画几张速写。七点整，迪莉娅在与丈夫吃完早饭、拥抱、赞美和接吻之后，把他送出门。艺术是位迷人的情妇。乔每晚回家时，多半已是七点多钟了。

愉快的周末，自豪又疲惫不堪的迪莉娅得意洋洋地掏出三张五元钞票，扔在公寓客厅里那张八乘以十英尺的桌子上。

“有时候，”她带着倦意说，“克莱门蒂娜真让人费神。我想她大概是练习得不充分，我总是要反反复复地教她。而且她老是穿白色的衣服，也让人觉得单调。不过平克尼将军倒是个顶可爱的老头儿！我希望你能认识他，乔。我教克莱门蒂娜弹钢琴的时候，他偶尔会进来——他是个鳏夫，你知道的——他站会在那儿捋他的白胡子。‘十六分音符和三十二分音符教得怎么样啦？’他老这样问我。”

“我希望你能看到他家客厅里的护壁墙板，乔！还有那些阿斯特拉罕的呢门帘。克莱门蒂娜总是咳嗽。我希望她的身体比外表看起来要结实些。喔，我越来越喜欢她了，她那么温柔，那么有教养。对了，平克尼将军的弟弟还当过驻玻利维亚大使。”

正说着，乔带着基督山伯爵的神气，也掏出一张十元、一张五元、一张两元和一张一元的钞票——全是合法货币——把它们摆在迪莉娅挣来的钱旁边。

“那幅方尖碑的水彩画卖给了一个从皮奥里亚[①]来的人。”他郑重其事地宣布。

“别跟我开玩笑啦，”迪莉娅说——“不会真是从皮奥里亚那么远的地方来的客人吧！”

“确实是那儿来的。我希望你能见到他，迪莉。一个胖子，围着羊毛围巾，衔着一根羽毛牙签。他在廷克尔的橱窗里看到了我的那幅画，起先他还以为画得是风车呢。他倒是很气派，不管三七二十一就把它买下了。另外他还预定了一幅——那幅画了拉卡瓦纳货运车站的油画——准备带回去。我的画，加上你的音乐课！啊，我想我们的艺术还是有前途的。”

“你坚持了下来，我很高兴。”迪莉娅热切地说。“你一定会成功的，亲爱的。三十三块钱！我们从来没有过这么多的钱。今晚我们买牡蛎吃。”

“加上炸牛排和香菇。”乔说。“肉叉在哪儿？”

下一个星期六的晚上，乔先回家。他把他的十八块钱摊开放在客厅的桌子上，然后把手上像是黑色颜料的东西洗掉。

半个钟头之后，迪莉娅来了，她的右手用棉纱和绷带包成了粽子，简直不成样子。

“这是怎么搞的？”乔照例打了招呼后问道。迪莉娅笑了，可笑得很勉强。

“克莱门蒂娜，”她解释说，“她上完课一定要吃奶酪面包，真是个古怪的姑娘。下午五点钟了还要吃奶酪面包，将军也在场。你该看看他奔去拿锅的样子，乔，仿佛家里没有佣人似的。我知道克莱门蒂娜身体不好，非常敏感。她浇奶酪的时候打翻了滚烫的汁水，溅在我的手腕上。痛得要命，乔。那可爱的姑娘难过极了！还有平克尼将军！——乔，那老头儿急得几乎要发疯。他冲下楼去叫人——据说是烧锅炉的或是地下室的什么人——到药房去买些药油和包扎伤口用的东西。现在倒不十分痛了。”

“这是什么？”乔轻轻地握住那只受伤的手，扯扯绷带下面的几根白线问道。

---

① 皮奥里亚：美国伊利诺伊州中部的城市。

“那是涂了药油的软纱。”迪莉娅说。“哇，乔，你又卖掉了一幅素描吗？”她看到了桌上的钱。

“可不是吗？”乔说，“你只消问问那个从皮奥里亚来的人。他今天把他预订的车站油画取走了；他说可能还会要一幅公园和一幅赫德森河的风景画。你今天下午什么时候烫到手的，迪莉？”

“大概是五点钟吧。”迪莉娅可怜巴巴地说。“熨斗——我是说奶酪，大概在那时候做好。你真该看到平克尼将军的样子，乔，他——”

“先坐一会儿，迪莉。”乔说。他把她拉到床上，在她身边坐下，胳臂圈住了她的肩膀。

“这两个星期以来，你到底在做些什么，迪莉？”他问道。

她的眼神充满爱意但又蕴含一丝固执，含含糊糊地说着平克尼将军如何如何；但没撑几分钟就垂下头，一边哭，一边吐露实情。

“我找不到学生。”她坦白地说。“但我又不忍心看你放弃你的绘画才华，所以就在二十四号街那家大型洗衣店里找了一个熨衬衣的活儿。我以为我把平克尼将军和克莱门蒂娜的故事编造得很好呢，不是吗，乔？今天下午，洗衣店的一个姑娘的不小心用热熨斗烫了我的手，我在路上就编出了那个做奶酪的故事。你不会生我的气吧，乔？如果我不去做工，你也许就没有机会把你的画卖给那个皮奥里亚来的人。”

“他不是从皮奥里亚来的。”乔慢吞吞地说。

“打哪儿来的都一样。你真棒，乔——吻我吧，乔——你怎么会怀疑我不是在教克莱门蒂娜音乐课呢？”

“在今晚之前，我从未起疑。”乔说。“本来今天也不会起疑的，但今天下午，我给楼上一个被熨斗烫坏手的姑娘找了一些锅炉房的机油和废纱头。两星期以来，我就在那家洗衣店的锅炉房里烧火。”

“所以你并没有——”

“我那来自皮奥里亚来的大主顾，”乔说，“和平克尼将军都是同一种‘艺术’的产物——只是那门艺术不像绘画或音乐罢了。”

夫妇俩都笑了。乔开口说：

“当你热爱自己所追求的艺术时，就会觉得没有什么不能牺牲——”

迪莉娅用手掩住了他的话。“别说啦，”她说——“只有‘当你深爱一个人的时候。’”

《山盟海誓》
英文赏析

3 神圣的礼物

◎欧·亨利

故事发生的那个年代，男人们不像现在把表戴在手腕上，而是装入口袋里，表上还配有一条链子；女人们留着长发，以此为骄，并将梳子插在头发的两边和脑后。

一块八毛七。一共就这些钱了。其中六毛是一分一分的铜板。这些分分钱是从杂货店老板、菜贩子和肉店老板那儿软磨硬缠地一分两分地扣下来的，这种吝啬的做法直弄得自己都羞愧难当，深感这种抠门的做法实在丢人现眼。德拉反反复复一共数了三遍，没错，就是一块八毛七，因为第二天就是圣诞节了。

德拉扑通一声倒在破旧的沙发椅上号啕大哭起来。显然，除此之外，别无他法。所以，她只能这样做了，可是，道德的反思让她觉得这就是生活，生活就是哭泣、抽噎和微笑，但是抽噎占主导地位。

这位家庭主妇逐渐变得心平气和，经历了烦躁和平静。现在让我们来看看这个家吧。一套带家具的出租屋，每周房租八块钱。尽管难以用笔墨形容，可用“乞丐帮”这个词来描述还是恰如其分的。

楼下的门厅里有个信箱，可从来没有人往里面投过信，还有一个电按钮，也从来没有人用手指按响过电铃。而且，那儿还有一张名片，上面写着“詹姆斯·迪林厄姆·杨先生”。

“迪林厄姆”这个名号是主人先前春风得意之际，一时兴起加上去的，那时候他每星期挣三十块钱。而现在，他的收入缩减到二十块，“迪林厄姆”这几个字也显得模糊不清，似乎他们正严肃地思索着，是否把“迪林厄姆”缩写成谦逊而又讲求实际的“迪”。不过，每当詹姆斯·迪林厄姆·杨回家，走进楼上的房间时，杨太太，就是刚刚介绍给诸位的德拉，总是把他称作“吉姆”，依然热情地拥抱他。这一切都顺顺当当，毫无节外生枝之象。

德拉哭完之后，往面颊上扑了些粉，她站在窗前，呆滞地瞅着灰蒙蒙的后院里一只灰色的猫正行走在灰色的篱笆墙上。明天就是圣诞节了，她要给吉姆买一份圣诞礼物，可是手头只有一块八毛七。几个月来，她一直节俭度日，努力地把分厘钱都积攒下来，目前才得了这样一个结果。每周二十块钱的进账实在经不起花，入不敷出，总是如此。只能用手头现有的一块八毛七给吉姆买礼物了。他是她的吉姆啊。她花费了多少个幸福的时日筹划着要送他一件可心的礼物，一件精致、珍奇、贵重的礼物——至少应有点儿配得上吉姆所有的荣耀才成啊。

房间两扇窗户之间有一面壁镜。也许你见过每周八块租金公寓的壁镜吧。一个非常瘦小而灵巧的人，从观察自己在一连串的纵条影像中，可能会对自己的容貌得到一个大致精确的概念。德拉身材苗条，她精于此道。

突然，她从窗口旋风般地转过身来，站在壁镜前。她的两眼晶莹透亮，闪着光芒，但不到二十秒钟，她的面色失去了光彩。她急速地把头发弄松散，使之完全披下。

现在，詹姆斯·迪林厄姆·杨夫妇各有一件特别引以为豪的东西。一件是吉姆的金表，那是他祖父传给父亲，父亲又传给他的真正的传家宝；另一件则是德拉的秀发。如果斯巴女王也住在天井对面的公寓里，总有一天德拉会把头发披散下来，露出窗外晾干，使那女王的珍珠宝贝黯然失色；如果所罗门王的地下室堆满了金银财宝，而且他又是守门人，那每当吉姆路过那儿，他会拿出他的金表，让所罗门王忌妒得又吹胡子又瞪眼睛。

此时此刻，德拉的秀发，如那棕色的瀑布，披肩下垂在她的周围，碧波荡漾，华丽闪耀。她的美发长及膝下，仿佛是她的一件长衫。接着，她又神经质地赶紧把头发梳理好。片刻踌躇后，伫立原地，一动不动，破旧的红地毯上溅落了几滴眼泪。

穿上褐色的旧外衣，戴上褐色的旧帽子，整理了一下裙摆，眼睛里依然噙着泪水，她便飘出房门，下了楼，竟直朝大街走去。

她走到一块招牌前停下来，上写着："索弗罗妮夫人——专营各式头发"。德拉快步登上楼梯，有点气喘吁吁，她驻足，定了定神。那位夫人身躯高大，肤色雪白，冷若冰霜，同"索弗罗妮"的雅号一点儿都不配。

"你能买我的头发吗？"德拉问。

"我收头发，"夫人说。"摘掉帽子，让我看看你的头发。"

那褐色的瀑布泼落了下来。

"二十块钱，"夫人一边说，一边内行似地抓起她的头发。

"快给我钱吧，"德拉说。

呵，接踵而来的两个小时犹如长了玫瑰色的翅膀，愉快地飞掠而过。请不要理会这个不恰当的比喻。她在不同的商店里搜寻着，为吉姆买礼物而四处奔波。

她终于找到了圣诞礼物，那礼物似乎是专为吉姆特制的，其他人根本不配。她找遍了多家商店，都没有这家商店出售的这样东西。这是一条纯正朴素的白金怀表链，镂刻着花纹。正如一切美好的东西那样——以成色论优劣，不以装潢论质量。而且她的一片心血没有白费。第一眼看见这个表链时，她就知道这个物件必须属于吉姆。它就像吉姆本人，文静而有价值——这一形容对两者都恰如其分。她花了二十一块钱买下这个表链，拿着剩下的八毛七分钱匆匆赶回家。虽然吉姆的金表配上了这条白金链子，但是，在大庭广众面前，他还是羞于看时间。因为尽管这只怀表华丽珍贵，但表带依然是旧皮带的。所以他有时只是偷偷地瞥上一眼。

德拉回家之后，她那狂喜的感觉变得有点儿审慎和理智了。她找出烫发钳，点燃煤气灶，开始修补为了无私的爱情所造成的破坏，这永远是一大任务，亲爱的朋友们——简直是件极其艰巨的任务啊。

不到四十分钟，她的头上布满了一绺绺的小卷发，使她活像个逃学的小男孩。她长久地照着镜子，小心翼翼地、而且是苛刻地照来照去。

“第一眼看见我，”她自言自语，“假如吉姆不把我杀了的话，他肯定会说，我像个科尼岛上合唱队的卖唱姑娘。但是我又能怎么样呢——唉，只有一块八毛七，我能干什么呢？”

七点钟，她煮好了咖啡，把煎锅置于炉子上，正在加热，她已经做好了煎肉排的准备工作。

吉姆总是准时回家。德拉将表链对叠握在手心，坐在离他一贯进门最近的桌子边上。这时，一层楼梯传来吉姆上楼的脚步声，刹那，她紧张得面无血色。她习惯为了最简单的日常事物而默默祈祷，此刻，她悄声祈祷着：“神明啊，求求你，让他觉得我依然那么漂亮吧。”

门开了，吉姆步入房间，随手关上了门。他显得瘦削，看起来又非常严肃。可怜的人儿，他才二十二岁——就挑起了养家糊口的重担！他需要买件新外套，可是他连一副手套都没有！

吉姆进了屋，站到门口边，纹丝不动，好像猎犬嗅到了鹌鹑的气味。他目不转睛地盯着德拉看，其神情使她无法理解，这令她毛骨悚然：既不是愤怒，也不是惊讶，又不是不满，更不是嫌恶，这一切完全出乎她的预料。他只是面带这种神情死死地盯着德拉看。

德拉扭动腰身，从桌上跳下来，向他走过去。

“吉姆，亲爱的，”她喊道，“别那样盯着我看。我把头发剪掉卖了，因为不送你一件礼物，我是无法度过圣诞节的。头发还会再长出来——你不会介意的，是吗？我别无他法，只能这么做。我的头发长得可快了。说‘圣诞快乐’吧！吉姆，让我们快快乐乐的。你肯定猜不着我给你买了一件多么好的——多么美丽精致的礼物啊！”

“你把头发剪掉了？”吉姆吃惊地问道，百思不得其解，他死活都不肯相信眼前这明摆着的事实。

“是的，头发剪掉卖了，”德拉说。“不会因为这件事，你就不爱我了吗？没了长发，我还是我呀，对吧？”

吉姆好奇地环顾着房间。

“你是说你的头发没有了吗？”他问道，像个白痴。

“别找啦，”德拉说。“告诉你，我已经把头发卖了——卖掉了，头发没有啦。现在是平安夜，亲爱的。好好待我，这也是为了你呀！也许我的头发能数得清，”突然她特别温柔地说，“可我对你的恩爱谁也数不清啊。我把做好的肉排端给你，好吗，吉姆？”

吉姆突然从恍惚之中醒来，明白了这一切。他把德拉紧紧地搂在怀里。现在，别着急，先让我们花个十秒钟从另一个角度审慎地思索一下某些无关紧要的事。房租每周八块，或者一百万块——那又有什么差别呢？数学家或才子会给你错误的答案。神圣的礼物已经送来了，但不是很完美，似乎还缺少点什么。这黑色的断言下面就会有所交代。

吉姆从大衣口袋里掏出一个小包，扔在桌子上。

“别误解，德拉，”他说道，“不要误解我。无论你剪发、修面，还是洗头，都不会减少我对你的爱。不过，只要打开桌子上的小包，你就会明白，我刚才为什么显得瞠目和不解。”

白皙的手指灵巧地解开包装绳，然后打开了纸包。紧接着的是欣喜若狂的尖叫，天哪！狂呼声突然变成了女性神经质的泪水和哭泣，这急需男主人千方百计的慰藉。

摆在桌上的是梳子——全套的梳子，包括两鬓用的，后面用的，样样俱全。那是很久以前德拉在百老汇的一个橱窗里见过并羡慕得要死的东西。这些精致的发梳，纯玳瑁做的，边上镶着珠宝——其色彩正好与她失去的美发是绝配。她明白，这套梳子实在太昂贵，对此，她仅仅是羡慕和渴望，但从未奢望据为己有。现在，这昂贵的礼品居然属于她了，可惜现在她那一头美丽的秀发不复存在了，她也就没有福分拥有这奢望已久的梳子了。

不过，她依然把发梳搂在胸前，过了好一阵子才抬起泪水迷蒙的双眼，微笑着说："我的头发长得很快，吉姆！"

随后，德拉活像一只被烫伤的小猫跳了起来，疯狂地喊着，"喔！喔！"

吉姆还没有瞧见他那美丽的礼物呢。她急不可耐地把手掌摊开，伸到他面前，那没有知觉的贵重金属似乎闪现着她的欢快和热忱。

"漂亮吗，吉姆？我搜遍了全城才弄到的。现在，你每天可以看一百次时间了。把表给我，我要看看它配这条表链是什么样子。"

吉姆非但没有把表拿出来，反而倒在沙发椅上，两手枕在头下，微微地笑着。

"德尔，"他说，"让我们把圣诞礼物放在一边，暂时保存起来，好吗？圣诞礼物真好，但眼下不宜用。我卖掉了金表，用钱为你买了发梳。我看，你还是先把肉排端上来吧。"

《神圣的礼物》
英文赏析

4 最后一片叶子

◎欧·亨利

在华盛顿广场西面的一个小区里，街道仿佛发了狂似的，分成了许多叫作“巷子”的小胡同。这些“巷子”形成许多奇特的角度和曲线。一条街本身自己就交叉了不止一次。有一次，艺术家发现这条街有它可贵之处。如果一个商人去收颜料、纸张和画布的钱，在这条街上转弯抹角、大兜圈子的时候，他突然发现自己两手空空、原路返回、一分钱也收不到！

因此，搞艺术的人不久都到这个古色古香的格林威治村来了。他们逛来逛去，寻找朝北的窗户、18 世纪的三角墙、荷兰式的阁楼以及低廉的房租。接着，他们又从六马路买来了一些锡蜡杯子和一两只烘锅，组成了一个“艺术区”。

苏艾和琼珊在一座矮墩墩的三层砖屋的顶楼设立了她们的画室。“琼珊”是琼娜的昵称。两人一个是从缅因州来的；另一个的家乡是加利福尼亚州。她们是在八马路上一家“德尔蒙尼戈饭馆”里吃饭时碰到的，彼此一谈，发现她们对于艺术、饮食、衣着的口味十分相投，于是便联合租下那间画室。

那是五月间的事。到了十一月，一个冷酷无情，肉眼看不见，医生管他叫“肺炎”的不速之客，在艺术区里潜蹑着，用他的冰冷的手指这儿碰碰那儿摸摸。在广场的东面，这个坏家伙明目张胆地走动着，每闯一次祸，受害的人总有几十个。但是，在这错综复杂，狭窄而苔藓遍地的“巷子”里，他的脚步却放慢了。

“肺炎先生”并不是你们所谓的扶弱济困的老绅士。一个弱小的女人，已经被加利福尼亚的西风吹得几乎没有什么血色了，本来不应该是这个有着红拳关，呼吸急促的老家伙打击的对象。但他竟然打击了琼珊，她躺在那张漆掉了的铁床上，一动也不动，望着荷兰式小窗外对面砖屋的墙壁。

一天早晨，那位忙碌的医生扬扬他那蓬松的灰眉毛，招呼苏艾到过道上去。

“依我看，她的病只有一成希望。”他一面把体温表里的水银甩下去。一面说：“那一成希望在于她自己要不要活下去。人们不想活，情愿照顾殡仪馆的生意，这种精神状态使医生一筹莫展。你的这位小姐满脑袋以为自己不会好了。她能有什么心事呢？”

“她——她希望有一天能去画那不勒斯海湾。”苏艾说。

“绘画？——别扯淡了！她心里有没有值得想两次的事情——比如说，男人？”

“男人？”苏艾像吹小口琴似地哼了一声说，“难道男人值得吗——别说啦，不，大夫；根本没有那种事。”

“那么，一定是身体虚弱的关系。”医生说，“我一定尽我所知，用科学所能达到的一切方法来治疗她。可是每逢我的病人开始盘算有多少辆马车送他出殡的时候，我就得把医药的治疗力量减去百分之五十。要是你能使她对冬季大衣的袖子式样发生兴趣而去提一两个问题，我就可以保证，她恢复的机会准能从十分之一提高到五分之一。”

医生离去之后，苏艾到工作室里哭了一阵，把一条日式餐巾哭成一团湿。然后，她拿起画板，吹着拉格泰姆音乐调子，昂首阔步地走进琼珊的房间。

琼珊躺在被窝里，脸朝着窗口，一点儿动静也没有。苏艾以为她睡着了，赶紧停止吹口哨。

她架起画板，开始替杂志画一幅短篇小说的钢笔画插图。青年画家不得不以杂志小说的插图来铺平通向艺术的道路，而这些小说则是青年作家为了铺平文学道路而创作的。

苏艾正为小说里的主角，一个爱达荷州的牧人，画上一条在马匹展览会里穿的时髦的马裤和一片单眼镜时，忽然听到一个微弱的声音重复了几遍。她赶紧走到床边。

琼珊的眼睛睁得大大的。她望着窗外，在计数——倒过来数。

“十二，”她说，过了一会儿，又说“十一”；接着是“十”“九”；再接着是几乎连在一起的“八”和“七”。

苏艾关切地向窗外望去。有什么可数的呢？外面见到的只是一个空荡荡、阴沉沉的院子，和二十英尺[①]外的一面砖屋的墙壁。一颗老极了的常春藤，纠结的根已经枯萎，树干攀爬在砖墙的半腰上。秋风把藤上的叶子差不多全都吹落了，只剩下几根几乎是光秃秃的藤枝依附在那堵松动残缺的砖墙上。

“怎么回事，亲爱的？”苏艾疑惑地问道。

“六。”琼珊说，声音低得像是耳语一样，“它们现在掉得快些了。三天前差不多有一百片。数得我头昏眼花。现在可容易了。喏，又掉了一片。目前就只剩下五片了。”

“五片什么，亲爱的？告诉你的苏艾。”

“叶子，常春藤上的叶子。等最后一片掉落下来，我也得去了。三天前我就知道了。难道大夫没有告诉你吗？”

“哟，我从没听到这样荒唐的话。”苏艾装出满不在乎的样子数落道，“老藤叶和你的病有什么相干？你一向很喜欢那株常春藤，得啦，你这淘气的姑娘。别发傻啦。我倒忘了，大夫今天早晨告诉你，你快速痊愈的机会是——让我想想，他是怎么说的——他说有九成把握！哟，那几乎跟我们在纽约搭街车或者走过新房子的工地一样，碰到意外的时候很少。现在喝一点儿汤吧！让苏艾继续画图，好卖给编辑先生，换了钱给她的病孩子买点儿红葡萄酒，也买些猪排解解馋”

“你不用再买什么酒啦。”琼珊说，仍然凝视着窗外，“又掉了一片。不，我不要喝汤。只剩四片了。我希望在天黑之前看到最后的藤叶也飘下来。那时候我也该去了。”

“琼珊，亲爱的，”苏艾弯着身子对她说，“你能不能答应我，在我画完之前，别睁开眼睛，别瞧窗外？那些图画我明天得交。我需要光线，不然我早就

---

① 1 英尺 = 30.48 厘米。

把窗帘拉下来了。”

“你就不能到另一间屋子里去画吗？”琼珊冷冷地问道。

“我要待在这儿，跟你在一起。”苏艾说，“而且我不喜欢你老盯着那些莫名其妙的藤叶。”

“你一画完就告诉我。”琼珊闭上眼睛说，她脸色惨白，静静地躺着，活像一尊倒塌下来的塑像，“因为我要看那最后的藤叶掉下来。我等得不耐烦了。也想得不耐烦了。我想摆脱一切，像一片可怜的、厌倦的藤叶，悠悠地往下飘，往下飘。”

“你争取睡一会儿。”苏艾说，“我要去叫贝尔曼上来，替我做那个隐居的老矿工的模特儿。我去不了一分钟。在我回来之前，千万别动。”

老贝尔曼是住在楼下底层的一名画家。他年纪六十开外，有着一把像米开朗琪罗的摩西雕像那样的大胡子，胡子长在半人半兽的森林之神的头上，又卷曲着漂浮在小鬼儿般的躯体上。贝尔曼在艺术界是个失意的人。他耍了四十年的画笔，还远没有摸到艺术女神的衣裙。他老是说就要画一幅杰作，可是始终没有动手。除了偶尔涂抹了一些商业广告的东西外，几年什么也没有画。他替“艺术区”里那些雇不起职业模特儿的青年艺术家充当模特儿，挣几个小钱，他喝杜松子酒总是没有节制，老是唠唠叨叨地谈着他未来的杰作。此外，他还是个暴躁的小老头儿，极其瞧不起别人的温情，却一直认为自己是保护楼上两个青年艺术家的看家狗。

苏艾在楼下那间灯光黯淡的小屋子里找到了酒气扑人的贝尔曼。角落里的画架上绷着一幅空白的画布，它在那儿静候杰作的落笔，已经有了二十五年。她把琼珊的想法告诉了他，又说她多么担心，唯恐那个虚弱得像枯叶一般的琼珊，对这个世界的留恋越来越微弱，恐怕哪天真会离世飘走了。

老贝尔曼充血的眼睛老是迎风流泪，他对这种白痴般的想法不以为然，连讽带刺地咆哮了一阵子。

“什么话！”他嚷嚷道，“难道世界上竟有这种傻子，因为可恶的藤叶落掉而想死？我活了一辈子也没有听到过这种怪事。不，我才不给你那隐居的矿工糊涂虫当模特儿呢。你怎么能让她脑袋里有这种傻念头呢？唉，可怜的琼珊小姐。”

“她病得很厉害，很虚弱，”苏艾说，“高烧烧得她疑神疑鬼，满脑袋都是稀奇古怪的念头。好吧！贝尔曼先生，既然你不愿意替我当模特儿，我也不勉强了。我看你就是个可恶的老——老贫嘴。”

“你真女人气!”贝尔曼嚷道，“谁说我不愿意？走吧。我跟你一起去。我已经说了半天，愿意为你效劳给你当模特。天哪！像琼珊小姐那样好的人实在不应该在这种地方害病。总有一天，我要画一幅杰作，那么我们都可以离开这里啦。天哪！是啊。”

他们上楼时，琼珊已经睡着了。苏艾把窗帘拉到窗槛上，做手势让贝尔曼到另一间屋子里去。他们在那儿担心地瞥着窗外的常春藤。接着，他们默默无言地对瞅了一会儿。寒雨夹着雪花下个不停。贝尔曼穿着一件蓝色的旧衬衫，坐在一把翻过来充当岩石的铁壶上，扮作隐居的矿工。

第二天早晨，苏艾睡了一个小时醒来的时候，看到琼珊睁着无神的眼睛，凝视着拉下来的绿窗帘。

“把窗帘拉上去，我要看。”她用微弱的声音命令着。

苏艾困倦地照着做了。

可是，看哪！经过了漫漫长夜的风吹雨打，仍旧有一片常春藤的叶子挂在墙上。它是藤上最后的一片了。靠近叶柄的颜色还是深绿的，但那锯齿形的边缘已染上了枯败的黄色，它傲然挂在离地面二十来英尺的一根藤枝上面。

“那是最后一片叶子。”琼珊说，“我以为昨夜它一定会掉落的。我听到刮风的声音。它今天会脱落的，同时我也要死了。”

“哎呀，哎呀!”苏艾把她困倦的脸凑到枕边说，“如果你不为自己着想，也得替我想想呀。我可怎么办呢？”

但是琼珊没有回答。一个准备走上神秘遥远的死亡道路的心灵，是全世界最寂寞、最悲哀的了。当她与尘世和友情之间的联系一片片地脱离时，她那个想法越来越强烈了。

那一天总算熬了过去。黄昏时，她们看到墙上那片孤零零的藤叶仍旧依附在茎上。随夜晚同来的北风的怒号，雨点不住地打在窗上，从荷兰式的低屋檐上倾泻下来。

天色刚明的时候，毫不留情的琼珊又吩咐把窗帘拉上去。

那片常春藤叶仍在墙上。

琼珊躺着对它看了很久。然后她招呼正在煤气炉上给她煮鸡汤的苏。

“我真是一个坏姑娘，苏艾，”琼珊说，“冥冥中有什么使那最后一片叶子不掉下来，启示了我过去是多么邪恶。不想活下去是个罪恶。现在请你拿些汤来，再弄一点掺葡萄酒的牛奶，再等一下；先拿一面小镜子给我，用枕头替我垫高，我想坐起来看你煮东西。”

一小时后，她说：

“苏艾，我希望有朝一日能去那不勒斯海湾写生。”

下午医生来了，他离去时，苏艾找了个借口，跑到过道上。

“她康复的希望有五成。”医生抓住苏艾瘦小的、颤抖的手说，“只要好好护理，你会胜利。现在我得去楼下看看另一个病人。他姓贝尔曼——据我所知，也是搞艺术的。也是肺炎。他上了年纪，身体虚弱，病势来得很猛。他可没有希望了，不过今天还是要把他送进医院，让他舒服些。”

那天下午，苏艾跑到床边，琼珊靠在那儿，心满意足地在织一条毫无用处的深蓝色毛线披肩，苏艾连枕头把她一把抱住。

“我有些话要告诉你，小东西。”她说，“贝尔曼在医院里去世了。他得了肺炎，只病了两天。头天早上，门房发现他在楼下自己那间房里痛得动弹不了。他的鞋子和衣服都湿透了，冰凉冰凉的。他们想不出，在那种凄风苦雨的夜里，他到底去了什么地方。后来，他们找到了一盏还燃着的灯笼，一把挪动过的梯子，还有几只散落的画笔，一块调色板，上面和了绿色和黄色的颜料，还有——看看窗外，亲爱的，看看墙上最后一片叶子。难道你没有想过，为什么风刮得那样厉害，它却从来不摇一摇、动一动呢？啊，亲爱的，那是贝尔曼的杰作——那晚最后的一片叶子掉落时，他把它画在了墙上。”

《最后一片叶子》
英文赏析

5 绿色的门

◎欧・亨利

假如你晚饭后上百老汇大街遛弯儿，悠闲地叼一支雪茄，一边盘算着要均匀地消受雪茄，抽它十分钟，一边思量着腿往何处迈，是去观一场娱心怡情的悲剧呢，还是去欣赏轻歌曼舞中蕴涵的严肃。冷不防，有一只手搭在你胳膊上。你转身，直直地瞧见一位美人那对摄魂勾魂的眼睛，她穿一款俄国黑貂皮大氅，通身鲜珠碧玉，宝光袭人。她急急地将一个滚烫的奶油卷饼猛一下塞到你手上，但见一玲珑小剪子白光一闪，便剪去你大衣上第二枚纽扣，口中意味深长地念念有词："平行四边形"，接着飞身飘过十字街口，心有余悸地回眸一望。

这可是地地道道的冒险哟。你肯接受她的赠品吗？你不会。你会尴尬得满面通红：你会局促不安地扔掉卷饼，继续沿百老汇大街而下，双手无力地在大衣上乱摸一气，寻找那枚丢失的纽扣。你准会这样做的，除非你与众不同，属于那几个屈指可数的有福之人，只有在这些人身上，纯粹的冒险精神可谓尚未泯灭。

真正的冒险家从来不多。像本故事这样公诸于世的探险家大多数是采用新发明方法的商人。他们离乡背井，寻找他们渴望的东西——金羊毛啦，圣杯啦，女人的爱情啦，金银财宝啦，以及权势与名誉等。真正的探险家漫无目的地信步而行，一往直前，去面对和迎接未知的命运。一个极好的实例便是"回头浪子"——在他返乡途中发生的故事。

半心半意的冒险家——那些勇敢、出类拔萃的人物倒是比比皆是。从十字军东征到帕利塞斯丘陵，他们丰富了史书以及历史小说这门行当。然而他们每个人都有一个奖章等待他们去赢取啦，一个球去踢进去啦，一柄斧子去磨砺啦，一场赛跑去角逐啦，一个击剑第三姿势的新招去使出啦，一个新名字去刻在奖杯上啦，一件事情去与人一争高下啦……所以说，他们算不得真正的冒险家。

在这个大城市里，罗曼史和冒险这一对孪生姐妹的精神总是无处不在，寻觅真正的追随者。我们徜徉街头之时，她们狡猾地乔装打扮，一次又一次地改头换面，偷窥我们，使激将法激我们。我们常常莫名其妙地倏地抬眼，但见一扇窗内有一张脸，那脸仿佛一个极熟的朋友，在一条酣酣沉睡的通衢大道上，我们听见一间空荡荡紧闭窗板的房子里传出痛苦和忧惧的叫声。出租马车的车夫没有在我们熟悉的路边停车，而是把我们像下蛋一般下在古怪的门前，门前立着一个人，面带微笑为我们开门，示意我们入内。一张写有字的纸片从圣坛上高高的花格飘落而下。我们和大街上熙熙攘攘的匆匆过客彼此匆匆对视一眼，交换着彼此的厌恶，柔情与忧惧；一阵兜头而来的大雨——我们的伞也许可以为月神的女儿和恒星年历的大表妹遮风挡雨；在每条街的拐角，手绢儿飘然而下，纤纤玉指在向我们召唤，一双双眼睛将我们团团罩住。于是乎，冒险家的那种失落、孤寂、狂喜、神秘、充满危险的千变万化的诱饵便神不知鬼不觉地洒到我们周围。然而我们感觉我们中间很少有人愿意吃饵。我们感觉到习风旧俗像一根通条从背上直插向下，我们浑身僵直和麻木。我们继续我们平淡无奇的人生旅程；将来有一天，当一种乏味的人生行将结束之际，我们开始反省，原来我们一生的罗曼史苍白惨淡，充其量不过是一二个婚姻、一枚存放在保险库中保险匣内的锦缎玫瑰花饰、一生一世与蒸汽取暖炉的不停地怄气争斗而已。

鲁道夫·斯坦纳算得上一个真正的冒险家。他的一间斗室在过道旁，他很少不在傍晚时分离开斗室，跑出去寻找刺激，寻找稀奇古怪的事情。在他看来，人生一世，最有趣的莫过于近在咫尺，出门就碰上的怪事。他心甘情愿地去冒险，结果有时候弄得他误入歧途。他两次在一个车站过夜；他几次三番地给头脑简单而又贪财的骗子骗得不辨东西；别人一阵恭维，拍得他忘乎所以，结果是手表和钱被洗劫一空。然而他依然故我，痴心不改，但凡有诱惑，他都欣然前往，继续他快乐的冒险人生旅程。

一天傍晚，鲁道夫在位于老城区的市中心一条横穿城区的大街上溜达。两旁人行道上挤满两排人流——匆匆忙忙回家的人和那一队心慌意乱的有家不归而去赴华而不实的一千支烛光照明的公司客饭的人。

年轻的冒险家有着令人悦目的风采，他清醒而警惕地信步走来。白日里，他是一家钢琴琴行的推销员。他的领带不用领带夹固定，而是套在一只黄玉石制的环上。一次，他给一家杂志的编辑写信，说李泌小姐的《朱丽的爱情考验》是对他的生活影响最大的一本书。

他走路的时候，便道上的一只玻璃柜里有一副牙齿，牙齿激烈地打战，一开始似乎把他的注意力吸引到（伴随着一阵恶心）一家餐馆，因为玻璃柜就放在餐馆前面；可是再一细瞧，才发现隔壁高悬着牙医诊所的灯饰招牌。一个巨人般的黑人，花里胡哨地套一件红色大衣，上有手工绣品，下身着一条黄色裤子，头戴一顶军帽，谨慎地向过往行人中愿意接受他赠品的人散发宣传卡。

这种牙医的广告方式，鲁道夫已经司空见惯。通常，他径直走过，并不理睬；然而今晚非洲黑人动作机敏而熟巧，神不知鬼不觉地塞了一张在他手上，搞得他拿着宣传品，对黑人的成功不觉莞尔。

他向前又走了几码，漫不经心地瞥一眼手中的卡片。他心头不由一惊，翻过卡片，饶有兴趣地定睛细观。宣传品的一面是空白；另一面用墨水笔手书“绿门”二字。接着，鲁道夫瞧见前边三步远一个男人把黑人递给他的卡随手扔掉。鲁道夫拾起卡片，上面印着牙医的姓名、地址，以及常见的那种何时“镶假牙”，何时“做齿桥”和“镶齿冠”的时间表，还有华而不实的“无痛”手术的允诺等。

生性喜欢冒险的钢琴推销员在街角停下，稍作思索。俄顷，只见他穿过大街，过了一个街区，再过马路，掉头加入往回走的人流中。当他第二次路过的时候，他宛然并不注意那个黑人，漫不经心地接过递到手上的宣传卡。十步以外，他细细审视着这张卡。上面用与第一张卡相同的笔迹写有“绿门”二字。

在他前前后后的三四个行人随手把卡片扔到便道上，卡片落地，空白面朝上。鲁道夫把它们一一翻过来，每一张上都印着牙医“手术治疗室”的离奇的传说。

“冒险”这个头号小妖精很少需要向它真正的门徒鲁道夫·斯坦纳两度招手。可它现在已经二顾鲁道夫，何况它的要求仍在继续呢。

鲁道夫款步走回非洲巨人站的地方，他旁边是牙齿嘎嘎直响的玻璃柜。这一回，他放步走过去却没拿到卡。那个埃塞俄比亚人尽管装束花里胡哨，古怪可笑，可他立在那里，通身透出几分自然的、野蛮人的尊严，机敏地把宣传品递到一些过客手中，让另一些过客不受干扰地走过。每隔半分钟，他朗声吆喝一句刺耳却谁也听不明白的话，酷似火车车厢里列车员的吆喝和大歌剧院里急促不清的唱词。这回他不仅不发卡，而且在鲁道夫看来，那张亮光光的大黑脸膛上透出一种冷冰冰、几乎是轻蔑的不屑一顾的神色。

那人的神色刺痛了冒险家：他从中读出无声的责备，有人曾经说过他缺少这种责备。不管卡片上那三个神秘的字究竟何义，黑人毕竟从过往的人流中两次选中了他；现在，他似乎责备他缺少解开这个谜底的智慧与勇气。

年轻人站在一旁，避开纷纷攘攘的人流，飞快地打量着眼前这幢楼，他感到此番冒险不会在别处，正在楼内。此楼高五层，地下室设一间小小的餐馆。

一楼此刻大门紧闭，里面仿佛是一间妇女头饰店或者裘衣铺。二楼外面电动牙医招牌忽闪忽灭，那便是牙医诊所。往上便是通天塔式的各种名目与招牌，你挤我，我压你，用多种语言昭示手相术士、裁缝、乐师和行医者各自的所在。再往上，万国旗式的尿布和窗台上白晃晃的奶瓶表明那里是住宅区。

细细观察一番后，鲁道夫快步登上高高的石阶，走进楼里。楼梯铺着地毯，他登上两段楼梯，继续往上，上到最高一层才停下。过道上点着两盏昏黄的汽灯，一盏远远的在他右首，另一盏离他较近，在他左边。他朝近的那盏灯望去，在昏暗的光晕中，看见一扇绿门。他迟疑片刻。少顷，他仿佛看见那个玩牌的非洲骗子那张傲慢嘲讽的脸；然后，他径直朝绿门走去，抬手敲敲门。

等候的时间如此漫长。面临真正的冒险，他的呼吸变得急促而紧张。在绿色的门板石后面什么没有啊！杀红了眼的赌棍，狡诈的无赖精巧娴熟地设置圈套，陷阱；美人恋上勇士，由此施展手段，定计让勇士把自己追到手；危险，死亡，爱情，失望，荒诞不经——因了他冒冒失失地这么一敲，这光怪陆离的一切奇事的任何一种都可能会降临到他的头上。

里面传来轻微的声音，门缓缓打开。一位芳龄不到二十岁的少女站在门口，白白的脸蛋儿，脚步蹒跚。她松开门扣，身子虚弱地摇晃着，一只手摸索着。鲁道夫抓住她，扶她到靠墙的一个旧沙发上躺下。他关上门，借着摇曳的煤气灯光麻利地把屋子前后左右打量了一番。整洁，却一贫如洗，便是他对屋子的印象。

姑娘静静地躺着，仿佛晕迷不醒。鲁道夫兴奋地在屋子上下搜索，想找一只琵琶桶：那种人总是要放在桶上滚来滚去的，那些……不不，不对，给溺死鬼才那样滚吧。他摘下帽子，开始用帽子扇她：这一招挺灵，他用圆顶礼帽帽檐儿碰碰她的鼻子，她睁开眼睛：接着，小伙子看见，那张脸乃是他心中十分熟悉的面孔中的一个，这正是他一直在苦苦寻找的那张脸。那坦荡荡的灰眼睛，冒冒失失朝上翘的小鼻子，宛若青豆蔓卷须般的栗色卷发，宛然是他全部惊心动魄的经历的恰当终结和回报呵。但是令人悲哀的是，那张脸又黄又瘦。

姑娘平静地瞅着他，接着莞尔一笑。

“昏过去了，是吧？”她弱弱地问：“哎，谁能抗得住哇？连着三天三夜滴米不沾牙，你来试试!”

“我的天!”鲁道夫猛地跳起来，哇哇大叫。“等着我回来。”

他箭一般冲出绿门，飞身下楼。二十分钟后，他又回来，脚尖轻轻磕门，叫她来开门。他双手紧紧抱着一大堆杂货铺和餐馆买来的东西。他把东西搁在餐桌上：面包黄油、冷肉、蛋糕、馅饼、泡菜、牡蛎、一只烤鸡、一瓶牛奶和一罐滚烫的茶。

“不吃饭硬扛着，”鲁道夫结结巴巴地说，“可真够荒唐的。你可得停止这种选美打赌的游戏。晚饭已备好了。”他扶着她到餐桌前一张椅子上坐下，问：“有杯子装茶吗？”“在窗户旁边的架子上。”她答道。他拿着杯子回来的时候，看见她双眼惊喜万分地闪闪发亮，她开始吃一大块莳萝腌制的泡菜，那是她凭女人百发百中的本能从一个个纸袋中掏出来的。他大笑着从她嘴边夺走泡菜，倒了满满一杯牛奶。“先喝这个，”他命令道，“然后，你应该喝点茶，然后再吃一只鸡翅。如果你感觉很好，明天你就可以吃泡菜啦。现在嘛，假如允许我在此作客，我们一块来吃晚餐吧。”

他把屋里仅剩的一把椅子拖过来。滚烫的茶使姑娘眼里有了光泽，使她脸上有了几分红润。她开始吃起来，她的吃相活脱脱似一只饿死的饕餮，又挑剔又贪吃。小伙子在这里陪她，帮助她，看来她并不以此为奇或觉得不惯——好像并非她要贬低传统习俗的价值，而是某种强力赋予她的权利，要摒弃人类的矫情做作。不过，随着体力渐渐恢复，逐渐有了舒服的感觉，某种传统观念又露了头。那不过是每日每夜都会听到的千篇一律的故事——商店女店员薪酬不足了，那本来就少得可怜的薪水又被七扣八扣弄得更少了，扣罚员工的薪水使商店多赚很多很多了，因为生病不能上班了，因为不能上班又丢了工作了，失去希望了，然后，冒险家来敲门啰。

不过，对鲁道夫来说，她这段往事听来犹如《伊利亚特》一样惊心动魄，或者说像《朱丽的爱情考验》一样危机四伏。

“想想你，竟然吃了那么多的苦，哎！”他喟然长叹。

“那可真是有点受罪呀。”姑娘也是一脸庄重。

“你在本市连一个亲戚朋友都没有吗？”

“一个也没有。”

“我在这个世界上也是孤零零的一个人。”鲁道夫沉默一会儿，他说道。

“那我可高兴了。”姑娘很快接着说；听见姑娘赞许自己失去亲人的悲惨处境，小伙子不知怎么地心头一阵晴喜。

猛不丁地，她眼眉低垂，深深地长叹一声。

“我困得要命，”她说，“我觉得好舒服啊。”

鲁道夫站起来，拿上帽子。“那么，我得走了。好好睡一宿，对你会有好处的。”

他伸出手，她拉拉他的手，道一声“晚安”。然而她的眼睛却明明要问一个问题，那眼神如此意味深长，直白坦荡，哀婉动人，直搅得他直言相告。

“噢，我明天再来，看看你恢复得怎样。你可没那么容易摆脱我哟。”

接着，她瞧瞧门，仿佛他怎么来的不如他来了这个事实重要，问道：“你怎么会来敲我的门的？”

他端详着她，想起了那些卡片，猛然生出几分妒嫉，心中一阵隐隐作痛。要是那些宣传卡片落到别的跟他一样喜欢冒险的人的手里，结果会如何呢？他很快拿定主意，她不能知道事情的真相。他永远不会让她知道他了解事情的真相：她是因极度穷困所迫，才用此离奇的权宜之计。

“我们琴行的一个钢琴调音师住在这楼里。”他说。“我敲错了门，敲到你的门上来了。”

绿门关上之前，他在屋里最后看到的是她的盈盈笑脸。

在底楼楼梯口，他停下来，好奇地环顾四周。然后，他顺着楼道走到另一头；又折回来，爬上上面一层楼，他继续东瞧瞧西看看。他发现楼内每扇门都漆成绿色。

带着满腹狐疑，他下楼走到外面的人行道上。那个古里古怪的非洲人还在那里：鲁道夫手里拿着两张卡，当面与他对证。

“你为什么要给我这些卡？它们究竟是什么意思？你解释一下好吗？”他问道。

黑人嘴一咧，和善地一笑，向他展示出一个迷人的广告，那个广告显示他主人的职业。

“喏，在那儿，老板。”他指着街的那一头说。“可是我向（想）您要是砍（看）底（第）一场可是有点晚了。”

顺着他指的方向望去，鲁道夫看见一家剧院大门上方挂的一出新剧的灯饰广告，灯火辉煌，剧名叫《绿门》。

“他们告诉我，生（先）生，这可是义（一）流的演出哦。”黑人说。“管事的代理商该（给）了我一块钱，先生，让我帮着散几张宣传卡，上面还有义（医）生的广告。您是不是要一张医生的广告啊，先生？”

鲁道夫在他住的那个街区拐角的小店停下，喝了一杯啤酒，抽上一只雪茄。他叼着一只点燃的（劣质）雪茄离开小店，扣好大衣纽扣，把帽子往后脑勺一推，斩钉截铁地对着那根灯柱说道："有什么分别呢，我相信这是命运之手想出这个解决问题的办法，让我去找到她的。"

在这种情况下，这个决定当然使鲁道夫·斯坦纳跻身于罗曼史和冒险史上名实相符的信徒的行列之中。

《绿色的门》
英文赏析

6 二十年之后

◎欧·亨利

纽约的一条大街上，有一位警察威风凛凛地在值勤，他正沿着大街巡逻。这种巡逻是例行公事，绝非作秀。夜里将近 10 点，一股冷风带着雨意刮过，大街空旷寂静，行人寥寥无几。

他一边走，一边挥舞着警棍，那一招一式令人眼花缭乱，仔细查看着每家的门户，不时地用眼睛扫视着平静的大街。这位警察，人高马大，昂首阔步，活像一尊和平的保护神。附近的街区有过夜生活的习惯，所以你时不时会瞧见烟铺，或通宵达旦不打烊的食品店里透射出来的灯光。可是绝大多数的门面商铺早已打烊关门。

走到一个街区时，这位警察放慢了脚步。在一家五金店，昏暗的灯光下，一个男子斜靠在门口，嘴里叼着一支没有点燃的雪茄。看见警察向自己走来，那个男子很快地说道："警官先生，这里一切正常。"他安慰着警察，"我只是在这儿等一位朋友罢了。这是 20 年前我们的一个约定。你听了觉得稀奇，是吗？好吧，如果有兴致听的话，我来给你把来龙去脉讲讲。大约 20 年前，就在这儿，这个店铺现在所在的地方，原来是一家餐馆，叫作'大乔'布雷迪餐馆。"

"那家餐馆，"警察说，"五年前就被拆除了。"

男子划了根火柴，点燃了叼在嘴上的雪茄。借着火柴的亮光，警察发现这个男子脸色苍白，四方大脸，目光炯炯有神，右眉毛附近有一块小小的白色的伤疤。围脖的别针是一颗大钻石，看起来有点别扭。

“20 年前的晚上，就是今天晚上，”男子继续说，“我和吉米·维尔斯就在这儿的‘大乔’布雷迪餐馆共进晚餐。吉米是我的好朋友，世界上最好的朋友。我俩都生在长在纽约这个城市。从孩提时候起，我俩亲如兄弟。当时我 18 岁，吉姆 20 岁。第二天早上，我准备动身到西部去谋生。你是无法把吉姆从纽约拽走的。他觉得纽约是世界上最棒的地方。那天夜晚临分手的时候，我俩约定，不管出现什么情况，不管我们相距多远，20 年后，我俩将在同一日期、同一时间、同一个地方见面。我们想，20 年的时间，我们肯定会把各自的命运安排得妥妥当当，无论做什么，都会赚个盆满钵盈。”

“这故事听起来倒挺有意思。”警察说，“这么说，打你们分手后，你俩似乎就没有见过面！分手后，你就没有得到他的任何音信吗？”

“哦，也收到过他的来信。有一段时间我们曾相互通信。”那男子说，“可是一两年之后，我们就失去了联系。你知道，西部是个很大的地方。而我呢，又总是不停地东奔西跑，混日子呗。可我相信，只要吉米还活着，他就一定会来这儿赴约的。他是我最信得过的朋友。他不会健忘的，我从千里之外来到这里，这不，我今晚就站在了这个门口。如果朋友能来，那就太值了！”

说完，等朋友的这位男子从口袋里掏出一块小巧玲珑的怀表。表壳上镶着宝石。

“九点五十七分了。”他说，“我们是十点整在这儿的餐馆分手的。”

“你在西部混得还不错吧？”警察问道。

“当然不错了！吉米的光景要是能有我的一半就好了。人挺好的，但是他必须整日辛勤劳作。这些年来，我一直不断地和那些聪明人周旋着，竞争着。在纽约，我有了立身之地，西部的经历使他聪明了起来。”

警察挥舞了几下警棍，往前走了几步。

“我得继续巡逻了，希望你的朋友能按时赴约。你会准时给朋友打电话吗？”

“我想不会的。”他说，“我起码要再等他半个小时。如果吉米还活着，他一定会来的。再见，警官先生。”

“再见，先生。”警察一边说着，一边沿街巡逻去了，他注意观察着每家的门户。

这时天空下着寒冷的小雨。起风了，越刮越大。接着，一片沉寂。他俩谁也没有说话。过了一会儿，警察准备离开这里。在这个街区，有几个路人行色匆匆，衣领高高竖起，双手插在口袋里，郁闷寡言地赶着路。千里之外来到此地，在五金店门口等朋友赴约的那位失望地继续等着，简直到了荒唐的地步。这位朋友可是他的发小，要坚守，继续等待。他抽着烟，耐心地在等。

男子在这店铺的门前又等了大约二十分钟，这时候，一个身材高大的人，穿着一件黑色的大衣，衣领向上翻着，盖住了耳朵。急匆匆地从对面走来。他径直走到等朋友这个人跟前。

“你是鲍勃吗？”来人疑惑地问道。

“你是吉米·维尔斯？”站在门口的男子大声问道。

“太幸运了！”来人激动地说，他紧紧地握住了男子的双手。“一点儿没不错，你就是鲍勃。我信心满满，只要你还活着，我一定能见到你的。啊，太好了！20年是个不短的时间啊！你看，鲍勃！原来的那个饭馆已经不在啦！要是它没有被拆除，我们再一块儿在这里面共进晚餐该多好啊！老伙计，你在西部过得怎么样？”

“啊哈，我获得了我所寻求的一切。你的变化不小啊，吉米。没有想到你会长这么高的个子，比原来高了两三英寸[①]呢。”

“哦，岁后，我是长高了一点儿。”

“吉米，你在纽约混得不错吧？”

---

① 1英寸=2.54厘米

“一般般啦。我在市政府的一个部门里上班。好了，鲍勃，咱们去转转，找个地方好好聊聊，旧情难忘啊。”

他们两人相互搀着胳膊，并排徜徉在大街上。从西部回来等朋友的这位妄自尊大，自我膨胀，开始卖弄自己的发迹史。他描绘着他的职业生涯。另一位头缩进大衣里，饶有兴趣地听着。

街角处有一家百货商店。灯火辉煌，没有打烊，依然营业着。来到了灯光明亮处，这两个人都不约而同地转过身，看了看对方的脸庞。

从西部来的那位男子突然停住脚步，竭力抽出胳膊。

“你不是吉米·维尔斯。”他急忙说，“20 年的时间虽然很长，但它不足以改变一个人的容貌，高鼻子怎么会变成塌鼻子呢！”

“然而，20 年的时间却有可能使一个好人变成坏人。”高个子说，“你被捕了，‘斯尔基’鲍勃。这 10 分钟不许动。芝加哥的警方猜着你会到这个城市来，于是他们通知我们说，他们想跟你‘聊聊’。好了，不要反抗，明智点，跟着我们慢慢走吧，在我们还没有去警察局之前，有人让我给你看一张条子，是你的朋友写给你的。你就在窗户的灯光下看看吧。”

从西部来的人接过便条，便不慌不忙地开始读着，读到最后，他的双手微微地颤抖起来。便条很短，只见上面写着：

鲍勃：

我准时赶到了我们的约会地点。当你划着火柴点烟时，我发现你正是那个芝加哥警方所通缉的嫌疑人。不知怎么的，我不忍自己亲自逮捕你，只得找了个便衣警察来做这件事。

《二十年之后》
英文赏析

7 活着的死人

◎马克·吐温

1892年3月，我在里维埃拉区的门多涅[1]度过了这个月。在这个隐蔽的地方，人们私下里拥有的所有的惬意,在几英里外的蒙特卡洛[2]和尼斯是可以公开得到的。也就是说，那里有充沛的阳光、温和的空气和灿烂且蔚蓝的海洋，而没有人群的喧嚣以及浮华的炫耀。门多涅安静、简单、安宁、朴实，阔人和华丽的人不会来这里。我是说，通常富人不会来这里，偶尔会有阔人来，我很快就结识了其中的一位。我姑且喊他史密斯，多少是为了替他保守秘密。有一天，在英格兰旅馆里我们享用第二次早餐时，他惊呼道："我的天啊！"。

"快！你注意看门口出去的那个人，把他的每一个细节都看清楚。"

"为什么？"

"你知道他是谁吗？"

"是的，在你来之前，他在这里待了好几天。据说，他是一个来自里昂的非常富有的丝绸制造商，现在年老退休了，我猜他很孤独，因为他看起来总是很悲伤，闷闷不乐，不与任何人交谈，他的名字叫席奥斐尔·麦格南。"

我以为史密斯现在会继续证明他对麦格南先生表现出的巨大兴趣，但是，

---

① 里维埃拉区在法国东南、意大利西北，是地中海滨的休养和游览地区；门多涅是那里的休养胜地之一。

② 蒙特卡洛是法国东南地中海滨的摩纳哥公国的著名赌城；尼斯是里维埃拉区的另一休养胜地。

他却陷入沉思，在几分钟的时间里，他显然对我和世界上的其他人失去了兴趣。他不时地用手指拨弄着他那蓬松的白发，以帮助他思考，与此同时，他让他的早餐继续冷却下去。最后他说：

“忘了，我想不起来了。”

“想不起什么呀？”

“这是安徒生的一个美丽的小故事，可是我把它忘了。它的部分内容是这样的：一个孩子有一只笼子里的鸟，他很爱它，但却不经意地忽略了它。这只鸟唱着歌，没有人听，也没有人理会。随着时间的推移，它感受到了饥饿和干涸，它的歌声变得平淡而无力，最后停止了——这只鸟死了。孩子来了，懊悔不已，带着痛苦的泪水和哀叹，他叫来了他的伙伴，他们以精心策划的排场和最温柔的悲伤埋葬了这只鸟，却不知道，可怜的孩子们，并不是只有孩子们把诗人饿死，然后在他们的葬礼和纪念碑上花费足够的钱。如果他们活着，这些钱足够让他们轻松和舒适。而现在……”

但在这里我们被打断了。那天晚上十点左右，我碰到了史密斯，他让我到他的客厅去陪他抽烟和喝热的苏格兰威士忌。那是一个很惬意的地方，有舒适的椅子，有欢快的灯，还有和善可亲的橄榄木明火，外面传来了海浪的低沉澎湃声，使得一切更加美满。在喝完第二杯苏格兰威士忌并进行了许多懒散而满足的聊天之后，史密斯说：

“现在我们已经喝得兴致很高了，我趁机讲一个稀奇的故事，你正好听我讲。这是一个保守了多年的秘密——只是我和另外三个人之间的秘密，但我现在要打破这个封印。你现在有兴致吗？”

“好极了。你继续吧。”

以下是他告诉我的内容。

“很久以前，我是一个年轻的艺术家——事实上是一个非常年轻的艺术家——我在法国的乡村地区漫游，到处写生，后来有一对可爱的法国年轻人加入了我的行列，他们也在做同样的事情。我们既快乐又贫穷，或者说既贫穷又快乐——随你怎么说吧。克劳德·弗雷尔和卡尔·包兰日尔——这是他们的名字，两个可爱的家伙，特别阳光，简直就和贫穷开玩笑，在任何时候日子都过得非常有劲儿。

“最后，我们在布勒敦的一个村子里艰难地搁浅了，一个和我们一样穷的艺术家收留了我们，真的救了我们的命——[①]法朗斯瓦·米勒”

“什么！伟大的法朗斯瓦·米勒？”

“伟大？那时候他也不比我们伟大。他没有任何名气，甚至在他自己的村子里也是如此；他简直穷得不像话，除了萝卜，他没有任何东西可以养活我们，即使是萝卜有时也会让我们失望。我们四个人很快就成了亲密的朋友，形影不离。我们一起拼命地画画，作品越堆越多，但就是很难卖得出去。我们一起度过了美好的时光，可是，我的灵魂啊！我们时常被人欺负！”

“这种情况持续了两年多一点的时间。最后，有一天，克劳德说：

“‘孩子们，我们已经山穷水尽。你们明白吗？——绝对是走到了尽头。谁都不干了，简直是大家联合起来跟我们过不去。我们跑遍了整个村子，情况就像我告诉你的那样，他们拒绝再赊给我们一毛钱，直到所有的旧账都付清为止。’”

“这让我们感到很绝望，每个人的脸上都是沮丧的表情。我们意识到，现在我们的处境已经很难堪了。沉默了很久。最后，米勒叹了口气说：

“‘我也没有想到什么主意——一筹莫展。提议一下吧，小伙子们。’”

“没有回应，除非一种哀伤的沉默可以被称为回应。卡尔站起身来，紧张地来回走了一会儿，然后说道：

“太可惜了！看看这些画布，一摞又一摞，和欧洲任何人画的画一样好，我不在乎他是谁。是的，很多闲逛的陌生人也这么说，或者几乎都是这么说。”

“‘可就是不买’，米勒说。”

“‘没有关系，他们说了，而且也是真的。看看你的《晚祷》吧！有谁能告诉我……’”。

---

① 法朗斯瓦·米勒（1814—1875），法国著名画家，长于描绘农村生活。

“‘啪，卡尔——我的《晚祷》[1]！有人出价 5 法郎买下它。’”

“‘什么时候？’”

“‘谁？’”

“‘他在哪里？’”

“‘你为什么不答应呢？’”

“‘来吧，不要一下子都说出来。我想他会给更多，我很确定，他看起来是这样的，所以我问他要八法郎。’”

“‘好吧，然后呢？’”

“‘他说他会再次打电话。’”

“‘真是糟糕透顶!”。为什么，法朗斯瓦——’”

“‘哦，我知道，我知道。这是个错误，我是个傻瓜。孩子们，我是为了最好的结果;你们也会承认这一点，我……’”

“‘当然，我们知道，上帝保佑你这个好心肠的人吧，但下次你不要再当傻瓜了。’”

“‘我？我希望有人会来给我们提供一棵白菜来换取它——你瞧着吧!’”

“‘一棵白菜!。哦，别提它——它让我流口水。说点其他不叫人那么难受的事情吧。’”

“‘孩子们，”卡尔说，“‘这些画都不值钱吗？回答我这个问题。’”

“‘不!’”

“‘他们不是有非常高的价值吗？回答我这个问题。’”

“‘是啊。’”

“‘具有如此高的价值，如果有一个杰出的名字附在它们身上，它们将以了不得的价格出售。难道不是这样吗？’”

“‘当然是这样。没有人怀疑这一点。’”

“‘但我不是在开玩笑——究竟我这话对不对呀？’”

---

① 《晚祷》是米勒的名画之一。

“‘为什么，当然是这样——我们不是在开玩笑。可是，这算什么？这与我们有什么关系？’”

“‘这样一来，伙计们——我们给他们附上一个显赫的名字！’”

“热闹的谈话停止了。大家都把目光投向卡尔。他葫芦里究竟卖是什么药，在哪里可以借到一个显赫的名字？又是谁来借呢？”

卡尔坐下来，说：

“‘现在，我有一件非常严肃的事情要提议。我认为这是让我们远离救济院的唯一方法，而且我相信这是一个完全可靠的方法。我的这一观点是基于人类历史上大量的、久已确立的事实。我相信我的计划会让我们都变得富有。’”

“‘富有！你已经成了神经病了。’”

“‘不，我没有。’”

“‘你有——你已经失去了你的头脑。你说什么是富有？’”

“‘每人十万法郎’”

“‘他已经失去了理智。我早就知道。’”

“‘是的，他有。卡尔，你的生活太艰难了，而且……’”

“‘卡尔，你吃个药，然后马上上床睡觉。’”

“‘先给他包扎——包扎他的头，然后……’”

“‘不，包扎他的脚跟，他的大脑直往脚底下坠，我已经注意到了。’”

“‘闭嘴！’米勒表面上非常严厉地说，‘让这孩子说吧。现在，那么——拿出你的计划来，卡尔。它是什么？’”

“‘那么，作为序言，我要请你注意人类历史上的这一事实：许多伟大艺术家的功绩直到他饿死之后才被承认，这种情况经常发生，所以我简直能够在此基础上创造一条定理。这个定理就是：每一位不为人知和被忽视的伟大艺术家在他死后总会被赏识，而且一定要等到他死后。我的计划是这样的：我们必须抓阄，我们中的一个必须死。’”

“这句话落得如此平静，如此出人意料，以至于我们几乎忘记了惊跳起来。然后又是一阵疯狂的建议——医学建议——帮助卡尔治疗他的脑子；但他耐心地等待着热闹的气氛平静下来，然后又继续他的计划。”

“‘是的，我们中的一个人必须死，以拯救其他人和他自己。我们将抽签决定，被选中的人将会一举成名，我们所有人都会很富有。别动，现在，别动，不要打断——我告诉你，我知道我在说什么。这就是我的想法，在接下来的三个月里，即将死去的人应全力作画，尽其所能地积存画稿——不是画，不用！只要画些写生的草稿就行，随便弄些习作，没有画完的习作，随便勾几笔的习作也行，每张上面用彩色画笔涂它几下——当然是毫无意义的，反正总是他画的，要题上作者的名字；每天画出 50 幅，每幅都带上一点儿特点——你们知道，这些都是能卖出去的东西，在这个伟大的画家死后，会以惊人的价格被世界博物馆收藏；我们就准备一大堆的作品，一大堆！在这段时间里，我们其余的人将忙于给这位将死的人拼命鼓吹，并且在巴黎和那些经销商身上下一番功夫——为即将到来的事件做准备，你知道；当一切都热火朝天，恰到好处时，我们就会突然宣布画家的死讯，举行一个热闹的葬礼。你明白这个意思吗？’”

“‘不太明白。至少不是十分明白。’”

“‘不十分明白？你不明白吗？这个人并没有真正死去，他改变了自己的名字，消失了，我们埋葬了一个假人，并为之哭泣，全世界都在帮忙。而我……’”

“但他没有把话说完，大家爆发出振奋人心的掌声，所有人都跳了起来，在房间里跳来跳去，在感激和喜悦的情绪中互相拥抱。我们就这个伟大的计划讨论了好几个小时，却从未感到饥饿。最后，当所有的细节都安排得令人满意时，我们抽签决定，米勒当选——我们称之为‘被选中的死亡’。然后，我们把那些非到最后关头都舍不得的小东西——纪念品和类似的东西——当掉了，这些东西只有一个人到了无可奈何的时候，才肯拿来作赌注，企图一本万利地发个财。这些钱足以让我们吃一顿俭朴的告别晚餐和早餐，只留下几个法郎用于出门的用度，还有一些萝卜之类的东西，够米勒吃几天。”

“第二天一早，我们三个人就出发了，当然是步行。我们每个人都带着一打米勒的小画，打算推销它们。卡尔前往巴黎，在那里他将开始鼓吹米勒的名声，以应对即将到来的大日子。克劳德和我将分开，都到法国各地乱跑一场。”

“现在，你会惊讶地发现，我们的事情是多么轻松和舒适。在我开始工作之前，我走了两天，然后我开始画一栋位于大城郊区的别墅——因为我看到业主站在上面的廊道上，于是他下来看我画，我料想他会的。我迅速地工作，故意吸引他的注意，偶尔他发出一点赞许的声音，他热情洋溢地开口说：‘我是个大师！’他说。”

我放下画笔，把手伸进我的挎包，拿出来一个米勒的作品，指着角落里的名字，我骄傲地说：

“我想你应该知道的。嗯，他教过我！我想你是应该懂得这一行的！”

“那人显得很内疚尴尬，沉默不语。我惋惜地说道：‘你不会是不知道法朗斯瓦·米勒的签名吧！’”

“他当然不知道这个签名，但是不管怎么样，他处在那样尴尬的境地，居然让我这么轻轻放过，他是感激不尽的。他说：

“‘不！怎么会认不出来！这是米勒的，肯定是！我不知道我刚才在想什么。我现在当然认识它了。’”

”接下来他想买下它，但我说虽然我并不富有，但也不是那么穷。但是最后，我以八百法郎的价格把它让给了他。”

“八百！”

“是的，米勒情愿用它换猪排。不错，我因为那个小东西得到了八百法郎。现在我希望能以八万的价格把它买回来。但那个时代已经过去了，我为那个人的房子画了一幅非常漂亮的画，我想以十法郎的价格卖给他，但那是不可能的，因为我是这样一位大师的学生，所以我以一百法郎卖给他。我从那个镇上把这八百法郎直接寄给了米勒，第二天又出发了。”

“但我没有走路——没有，我骑着马。从那时起，我一直在骑马，我每天卖出一张画，从未试图卖出两张，我总是对我的顾客说：

“‘我把法朗斯瓦·米勒的画卖掉，我是个傻瓜，因为那个人活不过三个月，他死后，那就随你出天大的价钱也别想买到他的画了。”

“我小心翼翼地将这一小小的事实尽可能地传播出去，并让世界为这一事件做好准备。”

“我们的卖画计划是我的功劳——这是我的主意。那天晚上商量大肆宣扬的时候，我就提出了这个办法，三个人都同意先把这个计划好好地试一试，决不轻易放弃这个主意，结果它在我们所有人那里都成功了。我只走了两天，克劳德也走了两天——我们两人都害怕让米勒在离家太近的地方出名，但卡尔只走了半天，这个聪明的、没有良心的流氓，之后他就像个公爵一样旅行。”

“每隔一段时间，我们就和一位乡村编辑联系，在报纸上发表一篇文章，不是宣布发现了一位新画家，而是故意装成大家都知道法朗斯瓦·米勒的口气，不是以任何方式赞扬他，而只是说说这位‘大师’的现状——有时说他病况好转，有时又说没有希望,但总是带着对最坏情况的担忧。我们每次都把这类信息标记出来，寄给那些买过画的人。”

“卡尔很快就到了巴黎，他以高超的手段处理事情。他和记者们交上了朋友，并把米勒的情况报告给了英国和整个欧洲大陆，还有美国以及世界各地。”

“六个星期后，我们三个人在巴黎开会，决定停止宣传，并停止让米勒寄画过来。这个时候他已经轰动一时，一切都如此成熟，我们觉得现在应该马上出手，不再等待，不然那将是一个错误。于是我们写信给米勒，让他上床睡觉，并迅速变得消瘦，因为我们希望他能在十天内‘死去’。”

“然后我们算了一下，发现我们已经卖出了八十五幅小画和研究报告，有六万九千法郎，卡尔做了最后一笔买卖，也是最辉煌的一笔，他以两千两百法郎的价格卖出了《晚祷》，我们是多么地颂扬他啊！——可没有预料到的是，有一天，整个法国都想将它占为己有，居然是一位不愿透露姓名的人以五十五万现金的价格抢购了它。”

“那天晚上我们吃了一顿上了香槟的晚餐，第二天，克劳德和我收拾好东西，回去照顾米勒陪他度过他最后的日子，一面谢绝那些探听消息的闲人，同时每天发出病情报告，寄到巴黎给卡尔拿到几大洲的报上发表，把消息报道给全世界关心米勒的人们。最后终于我们宣布了噩耗，卡尔也及时赶回来帮忙料理最后的丧礼。”

“你想必还记得那场盛大的葬礼，它在全球范围内引起了多大的轰动，新旧世界的杰出人士是如何来参加葬礼并证明他们的悲伤的。我们四个人——仍然难分难舍——抬着棺材，不允许任何人帮忙。我们这样做是对的，因为里面除了一个蜡像外没有任何东西，任何其他抬棺人都会嫌弃它的重量。是的，我们这四个老家伙，在过去的艰苦岁月中曾一起充满爱意地分享痛苦，现在永远地离开了，他们抬着棺材……”

“哪四个？”

“我们四个人——米勒帮助抬他自己的棺材。伪装的，你知道。伪装成一个亲戚——远亲。”

“令人惊讶!”

“但这是事实。好吧，你还记得他的画卖价是怎么升上去的吧。钱嘛，我们不知道该怎么处理它。现在巴黎还有一个人，他拥有七十幅米勒的画，他为这些画付给我们两百万法郎。至于我们当初在路上那六个星期里米勒赶出来的那许许多多的写生和习作呢，如果你知道我们现在卖出的价格会很吃惊的——并且那还得我们愿意卖的时候才行!”

“这是一段稀奇的故事，简直太稀奇了!”

“是的，相当稀奇。”

“米勒后来怎么样了？”

“你能保守秘密吗？”

“我可以。”

“你还记得我今天在饭厅里叫你注意的那个人吗？那是法朗斯瓦·米勒。”

“‘我的天哪，原来——’”

“是的。这一次，他们总算没有把一个天才饿死，然后把他自己应该得到的奖赏装进别人的口袋里。”

《活着的死人》
英文赏析

8 遐迩闻名的跳蛙

◎马克・吐温

一个朋友从东部写信给我，我按照他的嘱咐访问了性情随和、唠唠叨叨的老西蒙・维勒，去打听我那位朋友的朋友利奥尼达斯・斯迈利的下落。我在此给个交代吧。事后我暗地里有点怀疑这个利奥尼达斯・斯迈利是不是编出来的；我朋友根本就不认识此人。他准是琢磨着：只要我向老维乐勒一打听，就会让他联想起那个厚脸皮的吉姆・斯迈利，赶紧打开话匣子把那些又臭又长、和我毫不相干的陈年旧事搂出来，想要把我烦死。如果我的朋友是有意这么干，那么他真的是做对了。

在破旧的矿区安吉尔小镇上那座歪歪扭扭的酒馆里面，我发现西蒙・维勒正在酒吧间火炉旁边舒舒服服地打盹，我注意到他还是个秃了顶的胖子。安详的面容上带着十分引人欢喜的温和质朴的表情。他立刻惊醒过来，向我问好。我告诉他我的一个朋友委托我打听一位童年的挚友，名叫利奥尼达斯・斯迈利，也就是利奥尼达斯・斯迈利牧师，听说这位年轻的福音传道师一度是安吉尔镇上的居民，我又说，如果维勒先生能够告诉我任何关于这位利奥尼达斯・斯迈利牧师的情况，我将会十分感激他，因为我要履行我朋友的托付。

西蒙・维勒把我逼到一个角落里，用他的椅子把我封锁在那儿，这才让我坐下，滔滔不绝地絮叨着从下一段开始变得单调的情节。他从来不笑，也从来不皱眉，从来不改变声调，他的第一句话用的是细水长流的腔调，他从来不露丝毫痕迹让人以为他热衷此道；可是在没完没了的絮叨之中却始终流露着一种诚挚感人的语气，直率地向我表明他想也没有想过他的故事有哪一点显得荒唐或者离奇；在他看来，这个故事倒真是事关重大，其中的两位主角也都是在勾心斗角上出类拔萃的天才人物。对我来说，看到一个人安闲自得地信口编出这样古怪的奇谈，从不露笑，这种景象也是荒谬绝伦的了。我先前说过，我要他告诉我他所了解的利奥尼达斯·斯迈利牧师的情况，他回答如下。我随他按他自己的方式讲下去，一次也没有打断他的话。

“这里曾经有一个叫吉姆·斯迈利的人，在1849年的冬天，或者可能是1850年的春天，我记不清楚了，虽然让我觉得是其中之一，因为我记得他第一次来营地的时候，大水槽还没有完工；反正，不管怎么样吧，他是你从来没见过的最古怪的人。总是找到一点什么事就来打赌，如果他们找到什么人跟他对赌的话，如果他不能说服对方与其打赌，他就会换另一方。只要对方称意，哪一头都合适，只要他赌上了一头，他就称心了。可是他很走运，出奇地走运，多少次总是他赢。他总是准备好了，单等机会。随便提起那个茬，他都没有不能打赌的，正像我刚才给你说的，你可以随便挑哪一头，如果遇赛马，赛完时你会发现他发了财，或者输得精光；遇到狗打架，他要打赌；遇到猫打架，他要打赌；遇到小鸡打架，他要打赌；哎，即使遇到两只小鸟停在篱笆上，他也要跟你赌哪一只先飞走；甚至如果他看见一个臭虫，开始向哪儿走，他也会跟你打赌要多久它才会走到它要去的地方，如果你答应他，他就会整天跟着这个臭虫，看看究竟他能不能赢。如果他看到一辆马车开始去任何地方，他就会和你打赌，他要花多长时间才能到达他要去的地方，如果你接受他，他就会跟着那辆马车去墨西哥。这儿的许多小伙子都见过这个斯迈利，都能跟你谈起他的事情，哎，他这个人，这对他没有什么区别，他什么都要赌。有一回，沃克尔牧师的老婆得重病，躺了好久，我们都想她不久就会死去。几天以后，牧师来了，并告诉我们他的好妻子如何得到上帝的恩泽，身体好起来了。可是，斯迈利竟和他赌上两块五毛钱，说她不会好，怎么也不会好。”

“斯迈利在这儿的时候有一匹马，我们都嘲笑吉姆，管他的马叫作十五分钟老马，因为她跑得很慢，可实际上她跑得并不算太慢，我们只不过是跟吉姆闹着玩儿的罢了。斯迈利倒经常在她身上赢钱。这匹马身上有这个那个毛病的，所以在比赛时，他们常常开头先让它跑二三百码。其他的马总能赶上并超过她，可是到了比赛临终的那一程，它总是会激动起来，不要命似的，而且越跑越快。她看起来好像就要跌倒，她撒开四蹄，到处乱跑，而且又咳嗽，又打喷嚏，几乎要跌跤似的；但不知怎样，在比赛的最后关键时刻，她使尽全身的力气，几乎每次都比别的马快一头，获得险胜。”

“他有一只斗犬，看着它，你会觉得它不值一文钱，只是在周围转悠，看起来很暴躁，并伺机偷东西。但是，只要在它身上压下赌注，它就变成另一种狗。它的下颚开始像汽船的船舷一样伸出来，它的牙齿也会露出来，像煤火一样放光。一条狗可能会抓住它，欺负它，咬它，让它摔上几跤，而安德鲁·杰克逊，也就是那只小狗的名字，永远是装着没什么不自在，好像它原本就没什么奔头，另一边的赌注一直在翻倍，直到全部的钱都压上。这时候，它突然咬住另一只狗的后腿，紧紧咬住不放，你知道，它只是紧紧抓住不放，光咬，不啃，叼着不动，直到别的狗认输为止，哪怕等上一年也没有关系。斯迈利总是在那只小狗身上胜出，可是也有例外的时候，直到有一回他遇上了一条狗，这条狗压根没有后腿，因为它的后腿被圆锯锯掉了。那一次，两条狗斗了一阵子，两边的钱都压完了，安德鲁·杰克逊上去就照着平时咬的地方下嘴的时候，当时就看出自己上当了，看出它怎么让别的狗给耍了。怎么说呢，它当时好像是吃了一惊，跟着就无精打采了，再也没有试着把那场赢下来，它让人给骗了。它看了一眼斯迈利，好像在说它的心碎了，这都是斯迈利的错，怎么弄了一只没有后腿的狗，而咬后腿是它最大的本事嘛。后来，它一瘸一拐地躺下，死了。那可是条好狗，是安德鲁·杰克逊，如果它还活着的话，准出名。不仅胚子好，而且又聪明——我敢担保安德鲁·杰克逊有真本事，什么场面没经过。一想起它的最后一场战斗，想起它的下场，我鼻子不由得一酸，让人感到十分遗憾。”

“这个斯迈利还养了些形形色色的动物用来打赌，像狗啊、鸡啊、猫啊的，有一天，他抓了一只青蛙，把它带回家，说他想训练它；于是一连三个月他就教那只青蛙学蹦蹦跳跳，你可以确信，过段时间后，那只青蛙就是个跳高高手了。吉姆只要在那只青蛙背上轻轻戳一下，它就会比你看见过的任何青蛙跳得都要高。它不但会在空中翻筋斗旋转，还会跳下来四爪落地，稳稳当当，跟猫一样。它也是一个捉苍蝇的高手。斯迈利让它不断地练习，以至于它每次都能在它能看到的范围内抓到一只苍蝇。斯迈利说，青蛙只需要接受教育，它就能做任何事情，我相信它。我见过他把丹·韦伯斯特放在这地板上，丹·韦伯斯特是这只青蛙的名字，他唱道：'苍蝇，丹，苍蝇！'它就会迅速跳起来，把一只苍蝇从柜台上拉下来，然后又像一坨泥巴一样扑倒在地板上，用后脚挠头，好像它不知道自己在做什么一样，若无其事。你从未见过一只青蛙像它那样谦虚和直率，因为它是如此有天赋。当涉及公平公正地在地上跳跃时，它能比你见过的任何同种动物跳得更高。拿手好戏是肩并肩比跳，换句话说，无需先起跑。每当丹想要表演它的拿手好戏时，斯迈利总能找到对手赌一把。斯迈利为他的青蛙感到非常自豪，他也可能是这样，因为那些走遍天下的人都说它，比他们见过的任何青蛙都强。"

"有一天，一个陌生人来到矿区，看斯迈利提着装青蛙的匣子，他问斯迈利：'你在那个匣子里都装了些什么东西？'"

"斯迈利感到赌局要来了，于是带着漫不经心的口气说：'这可能是一只鹦鹉，也可能是一只家雀儿，也许是，但它不是，它只不过是一只青蛙而已。'"

"那个家伙往匣子里看了看，瞧见那只普通长相的青蛙，问道'啊，它有什么用处？'"

"斯迈利随口不当回事地说，'只有一个用处：在卡拉维托斯县里它能比随便哪个青蛙跳得都更远。'"

"那个家伙又拿起匣子，又仔仔细细瞧了很久，于是摇摇头说，'它看起来和我见过的青蛙没有什么不同，我不相信这只青蛙比别的青蛙会好一点。'"

"'也许你不了解我玩青蛙的那种玩法，'斯迈利微笑着说。'也许您没有这方面的经验：说到青蛙，您也许只是个外行。总之，我有我的看法，我愿意赌四十美元，它能比卡拉维拉斯县里随便哪只青蛙都跳得远。'"

"那个人研究了一分钟，那家伙似乎有点为难似的说，'啊，我在这儿是个外乡人，我没有青蛙。要是我有一只青蛙，我愿意跟你打赌。'然后斯迈利说，

‘好办，好办，如果你能帮我拿一下盒子，我就去给你拿一只青蛙。’于是那个人拿着盒子,把他的四十美元和斯迈利的四十美元放在一起,然后坐下来等待。”

“当斯迈利出去为这场跳远比赛给对手找青蛙时，那家伙拿着装有丹尼尔·韦伯斯特的匣子。然后他把青蛙拿出来，扒开它的嘴，用口袋里的小勺，把火枪的铁砂子装满了青蛙的肚子,几乎装到了他的下巴,然后把他放在地上。”

“‘现在，如果你准备好了，把它放在丹的旁边，让它的前爪与丹尼尔平齐，我就发话了。’然后他说：‘一二三跳！’他和那个人从后面碰了一下青蛙，新的青蛙跳了出去，可丹尼尔喘了一口粗气，光耸肩膀——就这样——像法国人似的。像铁砧一样坚固，它不能再动弹了，就像抛错了锚。斯迈利很惊讶，有很纳闷，怎么也想不通这是怎么档子事。”

“那个家伙拿起钱就走，在他正要出门的时候，他转过身，用拇指猛然一甩，指着丹尼尔说，‘它不怎么样，我没瞧出这只青蛙比别的青蛙好到哪。’”

“斯迈利只是站在那里端详了好一会，不知道这只青蛙究竟出了什么事。‘青蛙它看起来肚子胀得很厉害，’他一边说，一边把丹尼尔拎起来，‘哎呀，我的上帝，他要没有五磅才怪呢！’斯迈利大喊，这时青蛙打嗝，吐出了满满两大口铁砂子来，斯迈利这时候才明白是怎么回事了，他气得发疯，他立刻去追赶那个赢他钱的家伙，可是，他没有捉住那个家伙。于是……”

这个时候，西蒙·维勒听见街上有人喊他的名字，站起来去瞧瞧找他有什么事。在他从椅子上站起来时，对我说：“你就坐这儿，熟客，歇会儿——我一转眼就回来”。

不过，对不起，我想，再往下听利奥尼达斯·斯迈利的故事，也打听不到利奥尼达斯·斯迈利神父的消息，于是我拔腿就跑。

在门口，我又碰上了那个自来熟的维勒回来了，他拽着我又打开了话匣子。

“我还想给你讲另外还有一次，这个斯迈利有一头独眼的母牛，没有尾巴，只不过那么一小截，像根香蕉似的。还有……”

我既没功夫，也没兴趣去听受折磨的母牛的故事，我就走了。

《遐迩闻名的跳蛙》
英文赏析

9 竞选州长

◎马克·吐温

几个月之前，我被提名为纽约州州长的候选人，代表独立党与斯坦华脱·勒·伍福特先生和约翰·特·霍夫曼先生竞选。我总觉得自己有超过这两位先生的显著的优点，那就是我的名声好。从报上容易看出：如果说这两位先生也曾知道爱护名声的好处，那就是以往的事了。近几年来，他们显然已将各种无耻罪行视为家常便饭。当时，我虽然对自己的长处暗自庆幸，但是一想到我自己的名字得和这些人的名字混在一起到处传播，总有一股不安的混浊潜流在我愉快心情的深处“翻搅”。我心里越来越不安，最后我给祖母写了封信，把这件事告诉她。她很快给我回了信，而且信写得很严峻，她说：

你生平没有做过一件对不起人的事—— 一件也没有做过。你看看报纸吧—— 一看就会明白伍福特和霍夫曼先生是一种什么样子的人，然后再看你愿不愿意把自己降低到他们那样的水平，跟他们一起竞选。

这也正是我的想法！那晚我一夜没合眼。但我毕竟不能打退堂鼓。我已经完全卷进去了，只好战斗下去。

当我一边吃早饭，一边无精打采地翻阅报纸时，看到这样一段消息，说实在话，我以前还从来没有这样惊慌失措过：

伪证罪——那就是 1863 年，在交趾支那的瓦卡瓦克，有 34 名证人证明马克·吐温先生犯有伪证罪，企图侵占一小块香蕉种植地，那是当地一位穷寡妇和她那群孤儿靠着活命的唯一资源。现在马克·吐温先生既然在众人面前出来竞选州长，那么他或许可以屈尊解释一下如下事情的经过。吐温先生不管是对自己或是对要求投票选举他的伟大人民，都有责任澄清此事的真相。他愿意这样做吗？

我当时已经惊愕不已！竟有这样一种残酷无情的指控。我从来就没有到过交趾支那！我从来没听说过什么瓦卡瓦克！我也不知道什么香蕉种植地，正如我不知道什么是袋鼠一样！我不知道要怎么办才好，我简直要发疯了，却又毫无办法。那一天我什么事情也没做，就让日子白白溜过去了。第二天早晨，这家报纸再没说别的什么，只有这么一句话：

意味深长——大家都会注意到：吐温先生对交趾支那伪证案一事一直发人深省地保持缄默。

（备忘——在这场竞选运动中，这家报纸以后但凡提到我时，必称“臭名昭著的伪证犯吐温”。）

接着是《新闻报》，登了这样一段话：

需要查清——是否请新州长候选人向急于等着要投他票的同胞们解释一下以下一件小事？那就是吐温先生在蒙大拿州野营时，与他住在同一帐篷的伙伴经常丢失小东西，后来这些东西一件不少地都从吐温先生身上或“箱子”（即他藏杂物的报纸）里发现了。大家为他着想，不得不对他进行友好的告诫，在他身上涂满柏油，粘上羽毛，叫他坐木杠，把他撵出去，并劝告他让出铺位，从此别再回来。他愿意解释这件事吗？

难道还有比这种控告用心更加险恶的吗？我这辈子根本就没有到过蒙大拿州呀。

（此后，这家报纸照例叫我“蒙大拿的小偷吐温”。）

于是，我开始变得一拿起报纸就有些提心吊胆起来，正如同你想睡觉时拿起一床毯子，可总是不放心，生怕那里面有条蛇似的。有一天，我看到这么一段消息：

谎言已被揭穿——根据五方位区的密凯尔·奥弗拉纳根先生、华脱街的吉特·彭斯先生和约翰·艾伦先生三位的宣誓证书，现已证实：马克·吐温先生曾恶毒声称我们尊贵的领袖约翰·特·霍夫曼的祖父曾因拦路抢劫而被处绞刑一说，纯属粗暴无理之谎言，毫无事实根据。他毁谤亡人，以谰言玷污其美名，用这种下流手段来达到政治上的成功，使有道德之人甚为沮丧。当我们想到这一卑劣谎言必然会使死者无辜的亲友蒙受极大悲痛时，几乎要被迫煽动起被伤害和被侮辱的公众，立即对诽谤者施以非法的报复。但是我们不这样！还是让他去因受良心谴责而感到痛苦吧。（不过，如果公众义愤填膺，盲目胡来，对诽谤者进行人身伤害，很明显，陪审员不可能对此事件的凶手们定罪，法庭也不可能对他们加以什么惩罚。）

最后这句巧妙的话很起作用，当天晚上当“被伤害和被侮辱的公众”从前门进来时，吓得我赶紧从床上爬起来，从后门溜走。他们义愤填膺，来时不仅捣毁家具和门窗，而且走时把能拿动的财物统统带走。然而，我可以手按《圣经》起誓：我从没诽谤过霍夫曼州长的祖父。而且直到那天为止，我从没听人说起过他，我自己也没提到过他。

（顺便说一句，刊登上述新闻的那家报纸此后总是称我为“拐尸犯吐温”。）

引起我注意的下一篇报上的文章是下面这段：好个候选人——马克·吐温先生原定于昨晚独立党民众大会上做一次损伤对方的演说，却未履行其义务。他的医生打电报来称他被几匹狂奔的拉车的马撞倒，腿部两处负伤——卧床不起，痛苦难言，等等，以及许多诸如此类的废话。独立党的党员们只好竭力听信这一拙劣的托词，假装不知道他们提名为候选人的这个放荡不羁的家伙未曾出席大会的真正原因。有人见到，昨晚有一个人喝得酩酊大醉，摇摇晃晃地走进吐温先生下榻的旅馆。独立党人责无旁贷须证明那个醉鬼并非马克·吐温本人。这一下我们终于把他们抓住了。此事不容避而不答。人民以雷鸣般的呼声询问：“那人是谁？”

我的名字真的与这个丢脸的嫌疑连在一起，这是不可思议的，绝对的不可思议。我已经有整整三年没有喝过啤酒、葡萄酒或任何一种酒了。

（这家报纸在下一期上大胆地称我为“酒疯子吐温先生”，而且我知道，它会一直这样称呼下去，但我当时看了竟毫无痛苦，足见这种局势对我有多大的影响。）那时我所收到的邮件中，匿名信占了重要的部分。那些信一般是这样写的：

被你从公寓门口一脚踢开的那个要饭的老婆婆，现在怎么样了？

好管闲事者也有这样写的：

你干的一些事，除我之外没人知道，你最好拿出几块钱来孝敬鄙人，不然，报上有你好看的。

惹不起大致就是这类内容。如果还想听，我可以继续引用下去，直到使读者恶心。

不久，共和党的主要报纸“宣判”我犯了大规模的贿赂罪，而民主党最主要的报纸则把一桩大肆渲染敲诈案件硬“栽”在我头上。

（这样，我又得到了两个头衔：“肮脏的贿赂犯吐温”和“令人恶心的讹诈犯吐温”。）

这时候舆论哗然，纷纷要我“答复”所有对我提出的那些可怕的指控。这就使得我们党的报刊主编和领袖们都说，我如果再沉默不语，我的政治生命就要给毁了。好像要使他们的控诉更为迫切似的，就在第二天，一家报纸登了这样一段话：

明察此人！独立党这位候选人至今默不吭声。因为他不敢说话。对他的每条控告都有证据，并且那种足以说明问题的沉默一再承认了他的罪状，现在他永远翻不了案了。独立党的党员们，看看你们这位候选人吧！看看这位声名狼藉的伪证犯！这位蒙大拿的小偷！这位拐尸犯！好好看一看你们这个具体化的酒疯子！你们这位肮脏的贿赂犯！你们这位令人恶心的讹诈犯！你们盯住他好好看一看，好好想一想——这个家伙犯下了这么可怕的罪行，得了这么一连串倒霉的称号，而且一条也不敢予以否认，看你们是否还愿意把自己公正的选票投给他！

我无法摆脱这种困境，只得深怀耻辱，准备着手“答复”那一大堆毫无根据的指控和卑鄙下流的谎言。但是我始终没有完成这个任务，因为就在第二天，有一家报纸登出一个新的恐怖案件，再次对我进行恶意中伤，说因一家疯人院妨碍我家的人看风景，我就将这座疯人院烧掉，把院里的病人统统烧死了，这使我万分惊慌。接着又是一个控告，说我为了吞占我叔父的财产而将他毒死，并且要求立即挖开坟墓验尸。这使我几乎陷入了精神错乱的境地。在这些控告之上，还有人竟控告我在负责育婴堂事务时雇用老掉了牙的、昏庸的亲戚给育婴堂做饭。我拿不定主意了——真的拿不定主意了。最后，党派斗争的积怨对我的无耻迫害达到了自然而然的高潮：有人教唆 9 个刚刚在学走路的包括各种不同肤色、穿着各种各样的破烂衣服的小孩，冲到一次民众大会的讲台上来，紧紧抱住我的双腿，叫我爸爸！

我放弃了竞选。我降下旗帜投降。我不够竞选纽约州州长运动所要求的条件，所以，我呈递上退出候选人的声明，并怀着痛苦的心情签上我的名字："你忠实的朋友，过去是正派人，现在却成了伪证犯、小偷、拐尸犯、酒疯子、贿赂犯和讹诈犯的马克·吐温。"

《竞选州长》
英文赏析

10 一个真实的故事

◎马克·吐温

以下是照我所听到的逐字逐句叙述的：

那是个夏天的黄昏时候。我们坐在小山顶上一个农家门口的走廊上，瑞秋大妈在我们那一排下面，很恭敬地坐在台阶上——因为她是我们的女仆，而且是黑人。她的身材高大而壮实；虽然是60岁了，眼睛可并不模糊，气力也没有衰退。她是个欢欢喜喜、精神饱满的人，笑起来一点也不费劲，就和鸟儿叫那么自然。这时候又像平常天黑以后一样，她成为我们说笑的焦点了。这就是说，大家毫不留情地拿她开玩笑，她也就以此为乐。她动辄就发出一阵又一阵的爽朗的笑声，然后双手蒙住脸坐着，笑得不可开交，浑身抖动，简直喘不过气来，无法表达她的高兴。就在这种时候，我心里忽然起了一个念头，于是我说道：

"瑞秋大妈，你怎么活了60年，从来没什么苦恼呢？"

她停止了抖动，歇了一会，没有作声。她回过头来望着我说：

"克先生，您当真这么问吗？"她的声音显得很严肃。

这使我大为吃惊；同时也使我的态度和谈话庄重了一些。我说：

"我以为……我是说，我觉得……，你简直不可能有过什么苦恼呀。我从来没听见你叹过气，也从来没见过你眼神里带有忧伤。"

现在她差不多完全转过脸来了，显出十足的一本正经的神气。

"我是不是有过苦恼？克先生，我来跟您说，叫您自己去想吧。我是生在奴隶堆里的；当奴隶的滋味我全知道，因为我自己就当过奴隶。先生，我的老汉——那就是我们当家的——他对我很偏爱，脾气也好，就跟您对您自己的太太那么好。后来我俩生了孩子——七个孩子——我俩很爱这些孩子，就跟您爱您的孩子一样。他们都很黑，可是不管老天爷叫孩子们长得多么黑，他们的娘可照样爱他们，不肯把他们丢掉，不！随你拿全世界什么东西跟她换，她也不干。”

“唉，先生，我生长在弗吉尼那个老地方，可是我妈是在马里兰长大的；哎呀，谁要是惹了她，她可真厉害！好家伙！她就大吵大闹一场！她发起脾气来，她就老是爱说一句话。她把身子站得挺直，两手攥着拳头插在腰上，说：‘我要叫你们知道，老娘不是生在平常人家，不能让你们这些杂种开玩笑！我是老蓝母鸡的后代，不含糊！’您知道吗，那就是马里兰生的人给他们自己的称呼，他们对这个很得意呢。哈，她就是那么说的。我一辈子也忘不了，因为她常说这句话，有一天我的小亨利把手腕子摔坏了，头也碰破了，刚刚碰着脑门子顶上，当时黑鬼们没有马上就跑过来招呼他，她又骂开了。他们一回嘴，她马上就站起来说：‘喂！’她说，‘我要叫你们这些黑鬼知道，老娘不是生在平常人家，不能让你们这些杂种开玩笑！我是老蓝母鸡的后代，不含糊！’她就把厨房收拾完了，自己给这孩子扎上伤口。所以我让人家惹火了的时候，也说这句话。”

“唉，后来我的老东家说她破产了，她只好把庄上的黑奴通通卖掉。我一听说他们要把我们通通送到里奇蒙去拍卖，啊，老天爷！我就知道那是怎么回事！”

瑞秋大妈说得很起劲，慢慢地站起来，现在她高高地耸立在我们面前，星光衬托出她的高大身影。

“他们给我们套上链子，把我们放在一个看台上，就像这个台阶这么高，20英尺左右。大伙儿就围着台子在下面站着，一堆一堆的人。他们就上来，把我们浑身打量，拧我们的胳臂，叫我们站起来走动，完了他们就说，‘这个太老，’或是‘这个瘸了腿，’再不就是‘这个没多大用处。’后来他们就卖了我的老汉，把他带走了，他们又来卖我的孩子们，把他们也带走，我就哭起来；那个人就说，‘不许你哇啦哇啦地哭，’伸手就在我嘴上打了一巴掌。后来都卖完了，只剩下我的小亨利，我就拼命把他抱在怀里，抱得紧紧地，我就站起来说，‘你们要把他带走可不行，’我说：‘谁动一动他，我就要谁的命！’我说。可是我的小亨利悄悄地说：‘我会逃跑，跑掉了我就去做工，给您赎身。’啊，老天爷保佑这孩子，他老是这么孝顺！可是他们拉着他——他们拉着他，就是那些人干的；可是我揪住他们的衣服，撕破了好些地方，还拿我的链子打他们的脑袋，他们也揍了我一顿，可是我不在乎。”

“唉，我老汉就那么走了，还有我所有的孩子，七个孩子都走了——有六个我一直到今天都没再看到一眼，算到上个复活节，已经是二十二年以前的事了。把我买到手的那个人是纽伯恩的，他就把我带到那儿去。唉，就这么一年又一年过去，后来打起仗来了。我的主人是南方军队里的上校，我给他家烧饭。所以北方的队伍把那个镇打下来之后，他们通通跑掉了，把我丢在那儿，和别的那些黑人都在那幢大得要命的房子里。所以那些北方队伍的大军官就搬进来住，他们问我愿不愿意给他们烧饭。‘天哪，那还有什么说的，’我说，‘我就是干这个的呀。’”

“他们可不是那些芝麻大的小官儿，您知道，那都是些挺大挺大的军官；他们高兴叫那些小兵怎样就得怎样，真神气！那个将军他叫我当厨房的头儿，他说，‘谁要是来给你捣乱，你就干脆叫他滚蛋；你可别害怕，’他说，‘现在你就是我们的朋友。’”

“那么，我心里想，要是我的小亨利找到机会开了小差，那他一定就会上北方去。所以有一天我就跑到那些大官儿们待着的地方，大客厅里，我就给他们请了个安，就像这样，我就跑过去，给他们谈到我的亨利，他们好好儿听着我谈这些心事，没有把握当成黑人；我又说：‘我来问问，是因为他要是跑掉了，到了北方，到了你们各位长官的地方，你们也许看见过他，那你们就可以告诉我，好让我把他找回来；他很小，左手腕子上和脑门子顶上都有个疤。’这下子他们就显得很难过；将军说：‘他们给他弄走有多久了？’我说：‘十三年了。’这下将军就说：‘他现在可不会再像那么小——他已经是个大人了！’”

“我从前简直没想到过这个！我心里老想着他还是那么个小不点儿。从来没想到过他会长大，长成个大人。可是现在我明白了。那些长官谁也没碰见过他，所以他们也没法帮我的忙。可是那些年里，虽然我不知道，我的亨利可果然是跑到北方去了，去了好些年好些年，还成了剃头匠，自己当老板。后来打起仗来了，他马上就说：‘我剃头剃够了，’他说，‘我要去找我娘，除非她死了。’所以他就卖掉他的行头，跑到招兵的地方去，给一个上校当听差的。这下子他就跟着部队到处打仗，好打听他的老娘。是呀，真的，他就一会儿伺候这个军官，一会儿伺候那个军官，一直把整个南方各地都找遍了，可是你看，我一点儿也不知道这些。我怎么会知道呢？”

“有一天晚上，我们开了个士兵舞会，纽伯恩那儿当兵的常常开舞会找乐子。他们就在我那厨房里开，不知开过多少次，因为那屋子很大。您听着，他们这么干，我可就不高兴。因为我那地方是伺候军官的，一有那些大兵在我那厨房里活蹦乱跳，就叫我着急。可是我老是不管他们，完了就收拾收拾，我就那么着，有时候他们惹得我生了气，我就叫他们给我打扫厨房，我跟您说吧，真不含糊！”

“有一天晚上，那是星期五晚上，一下子来了一整排人，是从守卫这所房子的黑人卫队里调来的——这所房子是司令部，您知道——这下子我可劲头来了！高兴疯了吗？我简直是痛快极了！我兴头很大地转到这儿，转到那儿；我简直觉得浑身发痒，只想叫他们带着我跳起来。他们都在转来转去地跳舞！哎呀，他们玩得可真痛快！我也跟着越来越高兴，越来越高兴！后来过了不大一会儿，有那么一个穿得很时髦的黑人小伙子在屋子那边跳着跳着过来了，他搂着一个黄皮肤的乡下丫头跳；他们俩跳得直是转、直是转，真叫人看了像喝醉了酒那股劲儿；他们转到我身边的时候，他们就一会儿翘起这只腿跳，一会儿又翘起那只腿跳，还望着我那大红头巾直笑，跟我打趣，我就冒火说：‘滚你妈的蛋吧！杂种！’那年轻人的脸色猛一下子有些变了，可是只过了一会儿，后来他又笑起来，跟原先一样。就在这时候，来了几个奏乐的黑人，那是乐队里的，他们这些人老是非摆架子不可似的。那天晚上他们刚起头摆一下架子，我就跟他们捣蛋！他们笑了，这叫我更加冒火。别的黑人也大笑起来，这下子我心里实在忍不住，我可真生气了！我眼睛里简直冒出火来了！我就站得挺直，就像这样，跟我现在这样，差点儿碰着天花板。我攥着拳头插在腰上，我说：‘喂！’我说：‘我要叫你们这些黑鬼知道，老娘不是生在平常人家，不能让你们这些杂种开玩笑！我是老蓝母鸡的后代，不含糊！’这时候我就看见那个年轻人站住了，他瞪着眼睛，动也不动，像是望着天花板，似乎忘掉了什么事，想不起来的样子。我就往他们黑鬼那边冲过去，就这样，像一个将军的神气，他们就在我前面逃跑，滚到门外去了。这个年轻人出去的时候，我听见他跟另外一个黑人说，‘吉姆，’他说，‘你先走，请你告诉上尉，我大概要到早上 8 点钟才能回来；我心里有点事情，’他说，‘今晚上再也睡不着了。你先走，’他说，‘别管我吧。’”

“这时候大概是凌晨一点钟。差不多七点的时候，我就起来给军官们做早饭。我在火炉前面弯着腰，就像这样，您的脚就算是火炉吧——我拿右手把火炉的门打开了，就是这样，把它这么关上，就像我推您的脚一样，我刚刚在手里端着一盘热面包，正要抬起头来，我就看见一个黑人的脸庞伸到我眼前来了，一双眼睛往上盯住我的眼睛，就像我现在这样从底下望着您的脸一样；我就在那儿站着，一点也没动弹！一个劲儿仔细看了又看；我手里的盘子直发抖，猛然一下子我认出来了！那盘子掉在地下，我就抓住这人的左手，把他的袖子往上推，就是这么的，就像我推您的袖子一样，我马上又抬头望着他的脑门子，把他的头发往上推，就像这样，哈，我说：‘孩子！你就是我的亨利，看手腕子上这条痕，脑门子那个疤呀！上帝保佑，感谢上帝！我终于找到了我的儿子！’”

“啊，没什么，克先生，我是没什么苦恼。可也高兴不起来！”

《一个真实的故事》
英文赏析

11 夜半来客

◎罗伯特·亚瑟

奥斯鲍与文学作品里所描绘的特工大相径庭。福勒跟着他走在法式小旅馆昏暗的走廊里，感到很失望。奥斯鲍的房间在顶层六楼，房间狭小，一个浪漫的角色怎么也不应该下榻在这样的一个地方。

奥斯鲍很胖，应该说肥胖，讲话还带有浓重的口音，他的法语和德语还说得过去。二十年前他从波士顿移居巴黎，但新英格兰乡音至今未改。

“你很失望吧，”奥斯鲍边走边气喘吁吁地说。“你没听说我是特工，是间谍，经常身处险境。而你是作家，年轻、浪漫。你遐想着那些出没于午夜的神秘角色，想象着枪声大作的刺激，设想着酒里投毒的场景。”

“可是，相反，你只是与一个行动迟缓的胖子在一个法式音乐厅里度过了一个乏味的晚上，这个胖子只是通过普通的电话搞了个约会，而不是由一个大眼睛的美女把纸条秘密递到他手里。你感到烦了吧！”胖子边笑边打开房门，然后站到一边，把沮丧的客人让进了屋里。

“你的幻想破灭了吧，”奥斯鲍接着说，“但是，伙计，高兴点吧。你马上就会看到一份文件，一份非常重要的文件，为此许多人已经付出了生命，到我这儿是倒数第二站了，然后再转交给我的上线。不久，那份文件也许会改写历史。想想看，是不是颇具戏剧性？”他边说边走进了屋子，顺手关上门，拉开了灯。

灯亮起的一刹那，福勒终于感受到了这一天中真正的震颤。房间的中间伫立着一个人，手持一把小巧的自动手枪，正对准他们。

奥斯鲍眨了眨眼睛。

“啊？麦克斯！”他喘着粗气说，“你把我吓死了。我还以为你在柏林呢。你在我房间里做什么？”

麦克斯长着一张狐狸脸，个子不高，看起来很瘦弱。除了那把枪，他看起来并不十分危险。

“那份报告呢？”他低声说道。“那份有关新型导弹的报告今晚将会送到你手中。我想从你这里把它拿走，它在我手里要比在你手里更为安全。”

奥斯鲍挪到扶手椅跟前，一屁股坐下。“这次我非找物业不可！气死我了，”他阴沉着脸抱怨着。“这个月已经是第二次有人从那该死的阳台进入我的房间！”福勒的视线落在了房间里唯一的窗户上。这是一个普通得不能再普通的窗户，窗外暮色渐浓。

“阳台？”麦克斯惊讶地问道。“我没走阳台，我有万能钥匙。我不知道还有个阳台。如果知道的话，那会省去我许多麻烦。”

“这不是我房间的阳台，”奥斯鲍生气地解释道，“它是另外一个房间的阳台。”他看着福勒，好像在暗示着什么。“你看，这间屋子以前是一套房子的一间，从这个门穿过去就是起居室。起居室带有阳台，这阳台延伸到我的窗户下面。你可以从隔壁那间空房子爬到阳台上。上个月就有人这么干过。物业答应把它堵上，可是到目前为止都没有兑现。”

麦克斯看了看福勒，他就站在奥斯鲍身后不远的地方，浑身僵直。麦克斯晃了晃手中的枪，命令道“坐下，”他说，“我想大概还得等半个小时吧。”

“三十一分钟，”奥斯鲍不悦地说，“我们约好十二点半见面。我真想知道你是怎么知道有关报告的消息的，麦克斯。”

矮小的间谍邪恶地笑了笑。“我倒想知道，你的人是怎么弄到这份报告的。幸好，到目前为止我们没有任何人员伤亡。今晚我就把它弄到手。怎么回事？谁在敲门？”

突然听到敲门声，福勒吓得面如土色。奥斯鲍轻轻一笑，说："警察呗，这么重要的文件，我们绝不会掉以轻心的。我让他们过来一下，以确保万无一失。"

麦克斯咬紧了嘴唇，神色显得有些慌张。敲门声还在继续。

"你现在准备怎么办，麦克斯？"奥斯鲍问道。"如果我不开门的话，他们会破门而入的，反正门没有上锁。看到你，他们会毫不犹豫地开枪。"

麦克斯气得脸色铁青，他迅速退到窗户旁边，反手推开窗户，把一只腿伸到窗外。"让他们走！"他命令道。"我在阳台等着。马上打发他们走，否则我就开枪，和你们同归于尽！"

敲门声越来越大，一个声音喊道："奥斯鲍先生！奥斯鲍先生！"

麦克斯转动着身子，一手拿枪，对着胖子和他的客人，另一只手抓住窗框，支撑着自己，整个身体重量落在一条腿上，然后另一条腿跨过窗台，伸到窗外。

球形门把手转动了。麦克斯松开手，跳向阳台。下跳时，传来一声凄厉的惨叫声。

门开了，服务员端着托盘，站在门口，盘中放着一瓶酒，两个杯子。"先生，这是您要的饮料。"他把盘子放在桌子上，熟练地打开酒瓶，然后退了出去。

福勒早已脸色苍白，浑身发抖，他看着服务员的背影，结结巴巴地问道，"可是……可是……警察在哪儿呢？"

"哪有什么警察，"奥斯鲍叹了口气说，"我只是在等亨利。"

"那……那阳台上的那个人？"

"不用担心，"奥斯鲍说道，"他不会再回来了。"

《夜半来客》
英文赏析

12 初 秋

◎兰斯顿·休斯

他们坠入爱河之时，比尔还年轻。那时他们在一起散步、聊天，度过了无数夜晚。后来，一些似乎并不是很重要的东西隔在了他们中间，使两人形同陌路。

她，冲动地嫁给了一个她以为爱的男人。比尔则怀着对女人的哀怨，离去了。

昨日，她在穿过华盛顿广场时，这些年第一次又见到了他。

“比尔·沃克。”她叫道。

他驻足，差点没有认出她。在他眼里，她看上去苍老了许多。

“玛丽！你从哪儿来？”

她下意识地仰起脸，等着他的吻，而他却伸出手。她握了握。

“我现在住在纽约。”她说。

“是吗？”他礼貌地笑了笑，但很快皱了下眉。

“总想知道你的近况，比尔。”

“我现在是个律师。市中心不错的公司。”

“结婚了？”

“结了。而且还有两个孩子。”

“哦。”她应着。

无数人从他们身边走过，穿过公园。他们是陌生人。已是傍晚。夕阳西下。寒冷萧瑟。

“那么，你丈夫呢？”他问她。

“我们有三个孩子。我在哥伦比亚大学的财务处工作。”

“你看起来很……（他想说老）……健康。”他说。

她明白。在华盛顿广场的树林下，她发现自己不顾一切地向前追忆，回到过去。在俄亥俄州的时候她就比比尔大。现在，她已不再青春。但比尔依然年轻如故。

“我们住在中央公园西路，”她说，“什么时候过来看看。”

“一定，”他回答说，“找个晚上，你和丈夫一定要来我家吃个饭。不管什么时候，露西尔和我都愿意和你聚聚。”

广场上，枯叶从树上慢慢飘落。无风自落。秋天的薄暮。她感到有些纠结。

“我们也很愿意。”她回答。

“你应该看看我的孩子。”他微微一笑。

忽然，路灯亮了，照亮了整个第五大街，在忧郁的空气中凝成两条朦胧的光带。

“车来了。”她说。

“再见。”他挥了挥手。

“什么……”她欲言又止，汽车启动了。路灯在她的视线中模糊，闪烁，模糊。自她上车，她害怕张口说话，害怕自己一个字也说不出来。

突然，她尖声叫道“再见！”但车门已经关上了。

车开了。人群从他们身边走过，穿过街道，他们是陌生人。距离和人群使比尔消失在她的视线中。那时她才想起她忘记给他地址——或向他索要地址——或告诉他，她最小的儿子也叫比尔。

《初秋》
英文赏析

13 好人难觅

◎弗兰纳里·奥康纳

老奶奶压根就不想去佛罗里达。她想去东田纳西州拜访几个跟她还有一些联系的人，所以，她把握一切机会，想要改变贝利的想法。贝利是她的独生子，如今他们住在一起。贝利搭着椅子的边坐在桌旁，低头聚精会神地看《日报》橙色运动版。老奶奶说："贝利，快看，看这儿，读读这段。"她站在桌子旁边，一只手放在突出的胯骨上，一只手举着报纸，在贝利的秃头上晃来晃去。"有个人自称'不对'，从联邦监狱里逃出来了，正逃往佛罗里达，你自己读读这段，看他都干了些什么害人事。你自己读读。有这么个罪犯在那边流窜，要是我，肯定不会带孩子往那个方向去，否则我良心上过不去啊。"

贝利继续低着头看报，老奶奶于是转身望向儿媳，年轻的儿媳穿着宽松的长裤，脸盘宽得像大白菜一样，面无表情，头上裹了条绿头巾，头顶打的两个结好像一对兔耳朵。她正坐在沙发上从罐子里拿杏喂怀里的婴儿吃饭。老奶奶说："孩子们之前去过佛罗里达了。你们应该带他们去别的地方转转，这样他们才能看到不一样的世界，长长见识。他们可从没去过东田纳西州呢。"

孩子的妈妈好像什么也没听见，不过她八岁的儿子约翰·韦斯利说："你要是不想去佛罗里达，为什么不干脆待在家呢？"约翰·韦斯利是个戴眼镜的小胖墩，他和妹妹琼·斯塔正趴在地上看连环画。

一头金发的琼·斯塔头也不抬地说："就算让她当女王，她也不肯自己在家待一天。"

老奶奶问："要是这个叫不对的家伙把你抓了，你怎么办？"

约翰·韦斯利说："那我就呼他一巴掌。"

琼·斯塔说："就算给她一百万，她也不愿待在家里。我们去哪儿她就得去哪儿，万一错过什么她得后悔死。"

老奶奶说："好吧小姐，看你下回让谁给你卷头发！"

琼·斯塔说自己的头发是自然卷。

第二天早上，老奶奶第一个上车，整装待发。她把黑色大旅行袋在角落里放好，那袋子活像河马的脑袋，里面藏了个篮子，装着小猫皮蒂星。她可不想让小猫孤零零留在家里三天三夜，皮蒂星会想念她，她也担心小猫会碰开煤气炉的开关，意外把自己给闷死。但儿子贝利不想带只猫走进汽车旅馆，那太丢人。

老奶奶坐在后排，被约翰·韦斯利和琼·斯塔夹在中间。贝利和妻子还有小婴儿坐在前排，他们八点四十五分从亚特兰大出发，里程表上显示的数字是 55890。老奶奶把这数字记下了，她想着回来的时候要是能知道开了多少英里也挺有意思的。他们用了二十分钟才出城。

老奶奶舒舒服服地坐稳了，于是摘下白色棉手套，把手套和提包一起放在后窗前面的架子上。儿媳还穿着那条宽松长裤，头上裹着绿头巾，可老奶奶却戴着一顶海军蓝的硬草帽，帽檐装饰着一簇白色紫罗兰。她的裙子也是海军蓝，上面布满了白色小圆点，领口和袖口都是镶了蕾丝边的白色欧根纱，她还在胸前别了一朵带香囊的布制紫罗兰。万一发生事故，她横尸高速公路，别人一眼就能认出她是位女士。

老奶奶说自己早就料到今天天气不错，不冷也不热，适合开车，她提醒贝利高速公路限速每小时 55 千米，要提防那些巡警，他们总是藏在广告版和矮树丛后面，趁你来不及减速猛然间就冲过来。她指着窗外开始津津有味地描述：那座山叫斯通山；高速公路两旁不时出现的是蓝色花岗岩；土坡颜色十分靓丽，红中隐现紫色条纹；地里绿油油的庄稼连成排，好像蕾丝花边。银白色的阳光洒满树林，最矮的几棵闪闪发光。孩子们在看漫画，他们的妈妈已经睡起了回笼觉。

约翰·韦斯利说："咱们赶快开出佐治亚，省得老看这些，没劲。"

老奶奶说："如果我是个小男孩，我可不会这样说自己的家乡。田纳西有高山，佐治亚有丘陵。"

约翰·韦斯利说："田纳西就是个乡下垃圾场，佐治亚也是一样的差劲。"

琼·斯塔说："你说的没错。"

老奶奶把布满青筋的手上下一搭，说道："在我们那个年代，孩子们对自己的家乡、自己的父母，总之就是对待一切，态度都比现在更尊重。那时候的人懂规矩。哎呀，快看那个黑崽子，真招人喜欢！"她边说边指着一个站在小破屋前的黑人小孩。"这一幕真像幅画，你们觉得呢？"她问道，其他人全都转身从后窗望那个黑人小孩。对方朝他们挥了挥手。

琼·斯塔说："他连裤子都没穿。"

老奶奶解释道："他可能根本就没裤子可穿。乡下的黑小子和我们过的生活不一样。如果我会画画，我肯定要把这一幕画出来。"

孩子们交换漫画书。

老奶奶主动提出帮儿媳抱一会儿婴儿，儿媳就从前座把孩子递给了她。老奶奶把婴儿放在膝盖上，轻轻颠他，给他讲沿途的景物。她又转眼珠又嘟嘴，还把两腮凹陷的粗糙老脸贴在婴儿那又滑又嫩的小脸上。婴儿偶尔冲她来个似笑非笑的表情。他们刚好路过一大片棉花田，田间用篱笆围起了五六块墓地，好像一个小岛。老奶奶指着外面说："看那片墓地！""那是家族墓地，是属于这个种植园的。"

约翰·韦斯利问："种植园在哪儿？"

老奶奶说："随风而去啦，哈哈。"

两个孩子把随身带的漫画书都看完之后，打开餐盒开始吃午饭。老奶奶吃了一份花生酱三明治，还有一枚橄榄，她坚决不许孩子们把餐盒和纸巾扔到窗外。后来实在没事做，他们就开始玩游戏，一个人选一朵云，另两个人猜云的形状。约翰·韦斯利选了一朵形状像牛的云，琼·斯塔猜是牛，但约翰·韦斯利说不对，是汽车，琼·斯塔说他耍赖，两个孩子隔着老奶奶开始打闹。

老奶奶说，如果他们愿意安静下来，就给他们讲个故事听。老奶奶讲故事的时候总是眼珠乱转，摇头晃脑，戏味十足。她说自己还待字闺中时，有一位名叫埃德加·艾特金斯·蒂加登的先生拼命追求她，那人来自佐治亚的贾斯珀。她说这位先生英俊潇洒，风度翩翩，而且每到周六下午都会给她送一个大西瓜，还在西瓜皮上刻一个心形图案。又是一个周六，蒂加登先生带着西瓜来了，结果家里没人，他就把西瓜留在门口，然后开着小破车回贾斯珀了，可老奶奶说她根本没收到那个西瓜，后来才知道，原来有个黑人小孩看见西瓜上的心形图案，以为谁都可以吃，就把西瓜给吃了！这故事戳中了约翰·韦斯利的笑点，他咯咯笑个不停，但琼·斯塔却觉得一点也不好笑。她说自己肯定不会嫁一个只是每周六来送西瓜的男人。但是老奶奶说，自己当年要是真嫁给蒂加登先生就好了，因为他风度翩翩，而且可口可乐刚一问世就买了那间公司的股票，他才去世没几年，但死的时候特别有钱。

他们把车停在高塔餐厅前，打算进去吃烤肉三明治。这餐厅盖在蒂莫西郊外的空地上，外墙有的地方刷了灰泥，有的地方木头裸露在外，这里既是餐厅，又是加油站，还是舞厅。胖老板名叫红萨米·巴茨，他在屋前屋后贴满了广告，不仅如此，他还沿着高速公路过来的方向一路贴了好几里[①]：红萨米烤肉最出名，快来尝！红萨米烤肉独一无二！红萨米！乐呵呵的小胖子！烤肉行家！红萨米为您服务！

红萨米正在餐厅外面修卡车，半个身子都在车底下，旁边的小楝树上拴了只灰猴，大概一尺[②]高，不停吱吱地叫着。这猴子一见孩子们蹦下车朝自己跑过来，就赶紧往回躲，蹭蹭窜上最高的那根树枝。

高塔餐厅又长又暗，一端是吧台，一端是桌子，中间是舞池。一家人挑了自动点唱机旁的大桌子坐下，红萨米的妻子过来招呼他们，问他们想吃什

---

① 1里=500米。

② 1尺≈33厘米。

么，这高个女人的皮肤被烈日晒成了黑褐色，比头发和眼睛的颜色还要深。孩子的妈妈往点唱机里投了枚钢镚，点唱机马上响起了《田纳西舞曲》，老奶奶说，这旋律总是让她想跳舞。他问贝利想不想和她跳一曲，结果贝利瞪了她一眼。贝利本就不像老奶奶那样天性阳光，而且开长途车让他紧张。老奶奶棕色的眼睛直放光，左右摆头，假装坐在椅子上跳舞。琼·斯塔说换首节奏感强的歌，她要跳踢踏舞，她妈妈于是又投了枚钢镚，换了首快歌，琼·斯塔走进舞池开始跳踢踏舞。

红萨米的妻子靠着吧台说："这小姑娘真可爱！你愿不愿意留下给我做女儿啊？"

琼·斯塔说："我才不愿意呢！就算给我一百万，我也不愿意住这破地方！"说完她就跑回餐桌去了。

红萨米的妻子没发作，咧嘴笑了笑，又说了一遍："这小姑娘真可爱！"

老奶奶朝琼·斯塔嘘了一声，说："真没礼貌！"

红萨米进屋，告诉妻子别在吧台那磨蹭，赶快给这家人上菜。他卡其色的裤子只提到了胯骨，大肚子在衬衫下边晃来晃去，好像一袋面粉。他在老奶奶一家旁边坐下，叹了口气，高声说道："真没办法，真没办法！"他满脸通红，拿出一块灰色手绢擦汗，继续说，"这年月真是谁也不能信，我算看透了！"

老奶奶说："现在的人的确没有以前好。"

红萨米说："上周有两个开克莱斯勒的家伙来我这加油，车又旧又破，不过是辆好车，而且那俩小个子看着也规规矩矩的，他们说自己在工厂上班，我就让他们先把油加满了，以后再来给钱。我怎么干了这么一件事！"

老奶奶马上接了一句："因为你可是个好人呐！"

这答案让红萨米一惊，他结结巴巴地说："嗯，是吧。"

他妻子来上菜了，一次端五个盘子，没用托盘，一手两个，还有一个架在手臂上。她说："谁也不能信，上帝造这世界花花绿绿，什么人都有，我反正谁也不信，谁也不信！"她看着红萨米，把最后一句重复了一遍。

老奶奶说："你们看报了吗？那个逃犯，叫'不对'。"

那女人说："他要是来这地方打劫，我一点儿都不惊讶，他要是知道有这么个地方，他肯定会来，没什么好奇怪的。就算他听说抽屉里只有两分钱，我也打包票他保准来……"

红萨米说："别说了。去把人家点的可乐拿过来。"那女人转身就去端别的菜。

红萨米说："好人难寻啊！这世道可真是越来越糟，我记得以前出门根本用不着锁门，现在可不行了。"

他和老奶奶一起聊起了美好的往日。老奶奶觉得现状如此糟糕，欧洲是罪魁祸首。她说欧洲的作风让人觉得咱们美国人唯利是图，红萨米说她说得都对，可是说了也白搭。两个孩子跑到屋外看树上的猴，太阳很大，把楝树皮都晒裂了，那只猴正忙着抓自己身上的跳蚤，抓到一只就塞进嘴里细细地嚼，好像在品尝美味。

他们继续上路，驶进闷热的午后。老奶奶便开始打盹了，每过几分钟就被自己的呼噜声叫醒。车开到墓博诺的时候，她睡不着了，开始回忆自己年轻没出嫁时在这附近参观过的一个种植园。她说那座历史悠久的大宅前面立着六根白色石柱，通往大门的林荫道两旁栽种了橡树，门前两边各有一个木格子凉亭，姑娘和追求者在花园逛累了，可以到亭子里稍作休息。她记得清清楚楚，从哪条路拐进去就能抵达那座大宅。她心里知道，贝利肯定不愿浪费时间看一幢老屋，可是她越说就越想再去一次，看看那两个亭子还在不在。她故作神秘地说："那座大宅里面有个秘密隔间，据说谢尔曼将军打过来的时候，主人把所有银器都藏在里面了，可是一直没人发现……"她真希望自己不用编瞎话。

约翰·韦斯利说："嘿！咱们去看看！咱们准能找到！咱们把木板都给捅烂，准能找到！谁住那儿？哪条路拐弯？嘿，爸，咱们拐过去看看吧！"

琼·斯塔兴奋得直叫："我从没见过有秘密隔间的屋子！有秘密隔间，一定得去看看！嘿，爸，咱们得拐过去看看！"

老奶奶说："我知道那地方，离这儿不远，用不了二十分钟就能到。"

贝利紧紧盯着前方，表情僵硬，整张脸好像一块马蹄铁。他说："不行。"

孩子们开始大喊大叫，说他们要看有秘密隔间的大宅。约翰·韦斯利使劲踹前座的后背，琼·斯塔把脑袋搭在妈妈的肩膀上，贴着妈妈的耳朵没完没了地抱怨，说就算出去玩都这么没劲，从来不能做自己最想做的事。婴儿开始尖叫，约翰·韦斯利不停踹前座后背，就差直接踹在他爸的腰上了。

"别闹了！"贝利吼道，把车停在路边。"你们能不能闭嘴？你们能不能现在就把嘴闭上？你们要是不闭嘴，咱们哪儿也不去。"

老奶奶小声说："去看看也是让孩子们开眼界。"

贝利说："好，但是记住，这种事不会再发生，这一路就这一次，只有这一次。"

老奶奶开始指路："往回开大概一英里就到该转弯的土路了，刚才路过的时候我记了一下。"

贝利没好气地说："土路！"

车子掉头开始朝那条土路开，老奶奶又开始回忆其他有关那座大宅的细节，比如前厅漂亮的玻璃门，大厅里气派的吊灯。约翰·韦斯利说，秘密隔间可能在壁炉后面。

贝利说："你们不能进屋，咱们不知道谁住里面。"

约翰·韦斯利想了个主意："你们把屋里的人叫出来在前门说话，然后我往屋后跑，从窗户爬进去。"

他妈妈说："咱们都得待在车里。"

车子转到土路上了，贝利没有减速，粉红色的尘土漫天飞扬。老奶奶回忆起当时根本没铺路，每天最多走三十英里。这条土路上上下下，车子会突然遇见洼地，还要在危险的路堤上急转弯。他们一会儿在山坡上，俯视绵延数里的青灰色树林，一会儿又开进红土洼地里，被道旁落满灰尘的树林俯视。

贝利说："那鬼地方最好马上出现，否则我掉头回去。"

这条路看上去好像几个月都不曾有人来过。

老奶奶说：“不远了。”她刚一说完，脑子里闪过一个可怕的念头。她极其窘迫，满脸通红，两眼发直，下意识地往前一伸脚，结果踢到了角落的旅行袋。旅行袋一晃，报纸下面的篮子里传出一声尖叫，小猫皮蒂星倏地窜到贝利肩膀上。

孩子们倒在车厢里，紧紧搂着婴儿的妈妈被甩到车外，趴在地上，老奶奶被甩到前座去了。车子翻了个底朝天，最后右边朝上倒在道边的沟里。贝利还坐在驾驶位上，而那只大白脸黄鼻头身上灰白相间的皮蒂星也还是像毛毛虫一般搂住贝利的脖子不放。

孩子们发现自己手脚还能动，立刻朝车外大喊大叫：“我们出车祸了！”老奶奶蜷缩在仪表盘下方，她真希望自己受伤了，这样贝利就不会马上冲她发火。而车祸前她脑子里那可怕的念头是，她描绘得栩栩如生的大宅根本不在佐治亚，而是在田纳西。

贝利两手把猫从脖子上揪下来，用力甩出窗外，扔到一棵松树旁。他从车里出来，找孩子们的妈妈。她正抱着哇哇大哭的婴儿，坐在红色黏土沟里，幸好无大碍，只是脸划伤了，肩膀有点扭伤。孩子们高兴极了，兴奋地尖叫：“我们出车祸了！”

不过琼·斯塔失望地说：“一个人也没死。”这时老奶奶一瘸一拐从车里钻出来，帽子还扣在头上，不过前檐折断了往上翘，角度还挺时髦，紫罗兰装饰耷拉在另一边。除了两个孩子，其他人全坐在沟里，惊魂未定，浑身发抖。

孩子的妈妈声音沙哑地说：“没准能有车经过。”

老奶奶说：“我肯定有哪个内脏受伤了。”她边说边按肋骨，可是没人搭理她。贝利的上下牙直打颤。他穿一件黄色衬衫，上面印了只蓝鹦鹉，此时此刻，他的脸色和衬衫一样黄。老奶奶心想，千万不能提那座大宅在田纳西的事。

路面比这条沟高出十英尺，他们坐在沟里能看到路那头的树梢。这条沟的后面是一片更大的树林，放眼望去，又高又黑又深。过了几分钟，他们看见远处的山坡有辆车缓缓驶来，车里的人好像在盯着他们看。老奶奶站起身，夸张地挥动双臂，想要吸引车里那几个人的注意力。那辆车依旧很慢，一会儿在转弯处消失，一会儿又冒出来，等开到他们刚才经过的山坡时，车速就更慢了。那是一辆黑色的大破车，像棺材车一样。车里坐了三个男人。

车开到这条沟旁停下了，司机低头盯着他们看了几分钟，面无表情，一言不发。然后他转头和另外两人咕哝了几句，随后两人一起下了车。其中一个是胖小伙，穿黑裤子和红汗衫，汗衫前胸印了匹银色骏马。他走到这家人的右边，站在那盯着他们看，微微咧着嘴，似笑非笑。另一个穿卡其色裤子和蓝条外套，灰帽子的帽檐压得很低，几乎遮住了整张脸。他慢慢走到这家人的左边。两个人都没说话。

司机也下了车，站在车旁边，低头看着家人。他比另外两个年纪大，稍微有点白头发，戴一副银边眼镜，看上去有学者派头。他满脸皱纹，没穿衬衫也没穿背心，身上的蓝色牛仔绷得有点太紧，他手上拿了一顶黑帽子和一把枪，那两个小伙子也拿着枪。

孩子们尖叫道："我们出车祸了！"

老奶奶有种奇怪的感觉，这戴眼镜的人她认识，特别眼熟，好像从小就见过，只是一时想不起来了。那人从车旁边走过来，顺着路堤下沟，每一步都小心翼翼，免得滑倒。他穿一双棕白相间的鞋子，没穿袜子，脚踝露出来，又红又瘦。他对这家人说："下午好。我看见你们的车翻了个个。"

老奶奶说："是转了整整两圈。"

他纠正奶奶说："一圈。我们看得清清楚楚。"他轻声对戴灰帽子的小伙子说："海勒姆，你去试试他们的车还能不能动。"

约翰·韦斯利问："你拿枪干嘛？你干嘛带枪？"

那人对孩子的妈妈说："夫人，能不能请你让这些孩子坐到你身边去？孩子让我精神紧张。我希望你们都坐在一起别乱动。"

琼·斯塔问道："你凭什么命令我们？"

他们身后的那排树好像咧开的黑色大嘴。他们的妈妈说："过来。"

贝利突然张口说："瞧，我们真是倒霉，掉进……"

老奶奶惊声尖叫。她连忙爬起来，瞪大眼睛说："你是那个'不对'！我刚才就觉得是你！"

那人面带微笑说："没错，"虽然自己被认出来了，可他看上去挺高兴。"但是这位夫人，要是你没把我认出来，对你们恐怕更好。"

贝利猛地转头和他妈妈说了几句，孩子们听了都不敢出声了。老奶奶开始大哭，不对满脸通红。

他说："夫人，不要难过。有时候一个人所说的并非他本意。我觉得他并不是故意要这样对您说话。"

老奶奶说："你不会枪杀一位女士吧？"她边说边从袖口掏出一块干净手绢，在眼睛上抹来抹去。

不对抬脚用鞋尖戳地，在地上戳出一个小洞，接着又把洞填上。他说："除非万不得已。"

老奶奶几乎是在咆哮："听我说，我知道你是个好人。你看上去一点也不像坏人。我知道你肯定出自好人家！"

他说："没错。世上最好的人家。"他笑的时候，露出一口洁白的牙齿。他说："我母亲是上帝创造的最好的女人，我父亲有金子般的心灵。"穿红色汗衫的小伙子已经在这家人后面站好，手枪别在腰间。不对蹲坐在地上。他说："鲍勃·李，看住这些孩子，你知道孩子让我紧张。"他看着眼前挤在一起的六口人，感觉有些尴尬，因为实在不知道说什么好。他抬头看了看天，说："一朵云也没有。看不见太阳，也看不见云。"

老奶奶说："对，今天天气很好。听我说，你不应该给自己取名叫'不对'，因为我知道你这人心眼好。我一眼就能看出来。"

贝利喊道："安静！安静！全都闭嘴，我来对付！"他蹲着的姿势好像短跑运动员准备起跑，可他并没有动。

不对说："夫人，谢谢您的夸奖。"他边说边用枪托在地上画了个小圆圈。

引擎盖后面的海勒姆抬头朝这边喊道："得半个小时才能修好。"

不对指着贝利和约翰·韦斯利对海勒姆说："那你和鲍勃·李先把他和这小男孩带到那边去吧。"他对贝利说："他们两个想问你点事，请你和他们到树林那边去一趟好吗？"

贝利开口说："瞧，我们真的非常倒霉！真弄不清楚是怎么回事。"他的声音在颤抖。他的蓝眼珠和运动衫上印的鹦鹉那样蓝，他紧紧盯着不对，不过始终一动不动。

老奶奶抬手摆弄折了的帽檐，好像要和儿子一起进树林，可是折了的帽檐被她拽下来了，她站在那盯着手里的帽檐看了一会儿，然后松手让它落地。海勒姆架着贝利的胳膊往前走，好像架着行动不便的老人。约翰·韦斯利抓着爸爸的手，鲍勃·李跟在后头。他们朝树林走去，马上要进入黑色的树林时，贝利停在一棵光秃秃的灰色松树旁边，转身靠着树干喊道："妈，我一会儿就回来，等我！"

他妈妈扯着嗓子喊道："快点回来！"可是他们已经全都消失在了树林里。

老奶奶用凄厉的声音呼喊道："贝利，我的儿子！"可她却不是朝树林在喊，而是盯着蹲在前面的不对在喊。她绝望地说："我知道你是个好人，你一点都不像坏人！"

不对没有马上回答，好像先把老奶奶的评价认真琢磨了一番，然后才说："不，我不是好人，但我也不是世上最坏的人。我爸说我有点特别，和兄弟姐妹不是一类。他说：'有的人一辈子什么也不问，活得好好的，有的人就非得刨根问底，这小子就属于后者。他长大肯定是个人物！'"不对戴上黑帽子，突然抬头，然后又望向树林深处，好像又陷入了尴尬。他耸耸肩，解释道："很抱歉我没穿衬衫，我没想到会遇见你们几位夫人，那天逃出来之后我们就把衣服给埋了，现在风声太紧，只能先凑合着，这几件也是跟路上遇到的人借的。"

老奶奶说："这个真的没关系，贝利的箱子里好像有多余的衬衫。"

不对说："我一会儿去看看。"

孩子的妈妈大叫道："你把他们带到哪儿去了？"

不对说："我爸真的有一手，你抓不住他任何把柄。警察从来没找过他麻烦。他就是有办法对付警察。"

老奶奶说："只要你愿意，你也能坦坦荡荡。想想看，找个地方安顿下来，舒服过日子，不用整天担心有人抓你多好。"

不对继续用枪托在地上刮土，好像在考虑这个建议。他喃喃地说："你说得对，总是有人跟在你背后。"

老奶奶留意到他的肩膀很瘦，肩胛骨突出，因为他蹲着，而老奶奶站着。老奶奶问："你祷告吗？"

他摇了摇头。老奶奶只看到黑帽子在他肩胛骨之间晃来晃去。他说："不。"

树林里传来一声枪响，紧跟着又是一声枪响。随后一片死寂。老奶奶猛地转过头去。她仿佛听到风吹过树梢，像是谁心满意足地吸了口气。她喊道："贝利！我的儿子！"

不对说："我当过一阵福音歌手。我什么都干过。当过兵，海军陆军都当过，国内国外都去过，结过两次婚，在殡仪馆帮过忙，修过铁路，种过庄稼，碰到过龙卷风，亲眼见过有人被活活烧死。"他抬头看着孩子的妈妈，还有紧挨着她坐的小女孩，两个人脸色苍白如纸，眼泪汪汪。不对说："我还见过女人被鞭子抽。"

老奶奶开始反复念叨："祷告，祷告，祷告，祷告……"

不对用梦幻般的声音回忆道："记忆中我从来都不是坏孩子，但是不知怎么的，我犯了点错，被送进惩教所，就这么给埋没了。"他抬起头，专注地看着老奶奶，让老奶奶注意听。

老奶奶说："你那时候就应该开始祷告。你第一次进惩教所是因为什么？"

不对再次抬头看天，天上一朵云也没有，他说："右边，是墙。左边，还是墙。头顶是天花板。脚下是地板。夫人，我忘了自己干了什么事。我坐在那儿使劲地想，我究竟干了什么，可我到今天也没想起来。有一次我差点就想起来了，可最后还是没结果。"

老奶奶含糊地问道："没准儿是他们搞错了？"

他说："不，没搞错。他们有证据。"

老奶奶说："你肯定是偷东西了。"

不对冷笑了一声，说："我想要的东西谁也没有。惩教所的主任医生告诉我，我犯的罪是杀死了我爸，但我知道那是撒谎。我爸死于一九一九年那场大流感，他的死和我一点关系也没有。他葬在霍普威尔山浸信会教堂的墓地，不信你可以自己去看。"

老奶奶说："要是你愿意祷告，耶稣会帮助你。"

不对说："没错。"

老奶奶听到这话激动得颤抖起来："那你怎么不祷告啊？"

他说："因为我不需要帮助，我什么都可以靠自己。"

鲍勃·李和海勒姆从树林里慢悠悠地走出来，鲍勃·李手上拎着一件胸前印了蓝鹦鹉的黄衬衫。

不对说："鲍勃·李，把衬衫给我。"衬衫朝他飞了过来，落在他肩膀上，他把衬衫套上。老奶奶说不出这衬衫让她想起了什么。不对一边系扣子一边说："夫人，我后来发现，就算知道自己犯了什么罪也没用。你可以干这个，也可以干那个，你可以杀人，也可以去卸别人的轮胎，反正你迟早会把自己干的事忘得一干二净，到最后都是受罚。"

孩子的妈妈开始喘粗气，好像呼吸困难一样。不对说："夫人，请你和这小女孩跟着鲍勃·李还有海勒姆进树林跟你丈夫会合，好吗？"

孩子的妈妈有气无力地说："好，谢谢你。"她一只手臂绝望地晃荡着，另一只手臂抱着婴儿，婴儿在熟睡。不对看见她从沟里往上爬很费劲，就说："海勒姆，帮那位夫人一把。鲍勃·李，你拽着那小女孩的手。"

琼·斯塔说："我不想让他拽我的手，他的样子让我想起猪。"

这胖小伙一下脸红了，笑了笑，抓住琼·斯塔的胳膊，拖着她进了树林，跟在海勒姆和她妈妈后边。

现在只剩下老奶奶和不对了，老奶奶发现自己说不出话来。天上没有云，也没有太阳。她周围除了树林，什么也没有。她想告诉不对必须祷告。可是她几次张嘴，却又什么也说不出。最后她开始自言自语：“耶稣，耶稣”，她的意思是，耶稣会帮助你，但那口气听上去更像诅咒。

不对似乎表示同意，说：“没错，耶稣打破了一切平衡。他的遭遇和我一样，唯一不同的是，他没有犯罪，可那帮人却能证明我犯罪，因为他们有证据。当然，他们从没把证据拿给我看。就是这个原因，我现在什么都签字。我早就说过，无论你干什么事，都得签字留底。这样你就知道自己做了什么，受罚也能拿出来对照一下，看合不合理，到最后你肯定能证明自己遭受了不公。”他说：“我给自己起名不对，就是因为我犯的错和我受的惩罚根本对不上。”

树林里传来一声刺耳的尖叫，紧接着是一声枪响。“夫人，你觉得这对吗，一个人接二连三受罚，另一个从来没受过罚，你觉得这对吗？”

老奶奶哭喊道：“耶稣！”她冲着不对大叫：“你出生在好人家。我知道你肯定不会朝女士开枪！我知道你的父母都是好人！”“祷告！耶稣！”“你不应该朝女士开枪。我把身上的钱全给你！”

不对望着她身后的树林说：“夫人，从没听说有人给抬棺材的小费。”

树林里又传来两声枪响，老奶奶抬起头，好像一只嗓子冒烟的老母鸡讨水喝，她喊道：“贝利！我的儿子！贝利！我的儿子！”心都快碎了。

不对继续说：“耶稣是唯一让死人复活的那位。他不应该那样做。他把一切平衡都打破了。如果他真的照他所说的让死人复活，那你别无选择，只能撇下一切跟从他，但如果他没有做过，那你也别无选择，只能好好享受剩下这几分钟，用你最喜欢的方式，杀人，放火，或者变着法折磨人。除了折磨，再也没有乐趣。”他说到最后开始咆哮起来。

老奶奶含含糊糊地说：“耶稣也可能从没让死人复活。”她不知道自己在说什么，只是感觉天旋地转，根本站不住，干脆瘫在沟里，两腿七扭八歪。

不对说：“我不在场，所以我不能说他没让死人复活。我真希望自己在场。”他用拳头狠狠捶地。“我真应该在场，那样就能知道是怎么回事。”他突然抬高声音说：“听着，夫人，如果我在场，我就能知道究竟是怎么回事，那我就不是现在这个样子了。”他说这话的时候声音都变了，老奶奶一下子清醒了。她看到这人扭曲的面庞离她很近很近，好像要哭，老奶奶轻声说：“你也是我的孩子。你也是我亲生的孩子！”她伸出手，摸了摸不对的肩膀。不对好像被蛇咬了一口似的猛然向后退，朝老奶奶胸口连开三枪，然后把枪放在地上，摘下眼镜来来回回地擦。

海勒姆和鲍勃·李从树林回来了，他们站在沟旁，俯视半躺半坐在血泊中的老奶奶，她像孩子一样两腿交叉，面带微笑，仰头望着无云的天空。

不对还没把眼镜戴上，他眼圈通红，眼神黯淡，目光迷茫。他说：“把她拖走，和其他几个扔到一块儿去。”他边说边拎起一直在他腿边蹭的小猫。

鲍勃·李说：“这老太太说个没完是不是？”他哼了一句小调，下到沟里。

不对说：“如果有人每分钟都朝她开枪，她肯定能变成一个好女人。”

鲍勃·李说：“有意思！”

不对说：“闭嘴，鲍勃·李，人生毫无乐趣。”

《好人难觅》
英文赏析

14 白象似的群山

◎欧内斯特・海明威

埃布罗河[1]河谷对面绵延的白色山丘错落起伏。车站这边一棵树也没有，就建在阳光下的两条铁轨之间。紧靠车站的一侧有座笼罩在热气中的建筑物，里面酒吧敞开的门上挂着一席竹珠子编成的帘子防苍蝇。一个美国人和同行的女孩坐在屋外阴凉处的一张桌子旁。天气很热，来自巴塞罗那[2]的快车将在40分钟内到达，它在这个站点停2分钟，然后继续前往马德里。

"我们要不要喝点什么？"女孩问。她摘下帽子，放在桌子上。

"天气太热了。"那个美国人说。

"不然我们喝点啤酒吧。"

"Doscervezas[3]。"那人对着酒吧竹帘里的人说。

"大杯吗？"一个女人站在门口问。

"是的，两个大杯。"

女侍应端来了两杯啤酒和两个杯垫。她把杯垫和啤酒放在桌子上，看了看那个男人和女孩。女孩正望着远处的山丘发呆，它们在阳光的照射下呈现白色，但其实是灰棕色、干秃秃的。

"这山看起来像一群白象。"女孩说。

---

① 埃布罗河（the Ebro）：流经西班牙北部，注入地中海，全长约756千米。
② 巴塞罗那（Barcelona）：西班牙最大的商港，位于东北部地中海沿岸。
③ 西班牙语：意为"来两杯啤酒"。

“我没见过大象。”男人一口气喝光了啤酒。

“你也不可能见过。”

“我还真有可能见过。”男人说。“就因为你说我不可能见过，也不能证明我就真的没见过。”

女孩没理会男人，看了看竹帘。“这帘子上画了点东西，”女孩问：“上面写了些什么？”

“AnisdelToro①。一种饮料的名字。”

“那我们可以试试吗？”

男人隔着帘子叫了一声“哎”。女侍应从吧台走了出来。

“四雷阿尔②。”

“我们再要两杯 AnisdelToro。”

“里面要加水吗？”

“你要加水的那种吗？”

“我不确定，”女孩说，“加水好喝吗？”

“还不错。”

“所以你们到底要不要加水？”女侍应问。

“好，加吧。”

“这酒的味道像甘草，甜甜的。”女孩说着放下了杯子。

“所有的酒水饮料不都是这个味儿。”

“是啊，”女孩呢喃。“所有的一切都有甘草的甜味。特别是那些期待了很久的东西，就像苦艾酒。”

“唉，别聊这个吧。”

“是你开的头，”女孩说。“我倒是觉得聊这些很有趣，至少愉悦到了我。”

“好吧，如果聊天能让你开心的话，那就聊聊吧。”

---

① 西班牙语：茴香酒。

② 雷阿尔（Real）：旧时西班牙和拉丁美洲国家通用的一种银币。

“好。我刚才一直在思考，说这片山丘像一群白象，你觉得这个比喻妙不妙？”

“妙。”

“我还提议我们试试新饮料。美好的生活不就是这样，看看风景，尝试新的事物？”

“可不是嘛。”

女孩又看了看那如白象群似的山丘。

“真是好风景。”女孩有些落寞。“其实这山看起来一点也不像白象。我指的是山的表面颜色对比树木，显得很白。”

“不然我们再喝一杯吧？”

“行。”

闷热的风把竹珠帘吹拂到桌面上，叮铃作响。

“这啤酒味儿真不错，又凉爽。”男人说。

“味道是不错。”女孩说。

“那其实就是一个非常简单的手术，吉格。”男人漫不经心地说。“甚至算不上一个手术。”

女孩闻言没有说话，只是看着桌腿下的地面发呆。

“我知道你不会在意的，吉格。这真的没什么大不了。深吸一口气忍忍，痛就过去了。”

女孩依旧没说话。

“我会陪你一起去的，我会一直和你在一起。医生做这种手术已经驾轻就熟了，只要你屏住呼吸，只要一小会，一切都会回到正轨。”

“那我们以后怎么办？”

“我们会像以前一样好。”

“你为什么会这样觉得？”

“因为那是现在唯一困扰我们的事。也是唯一让我们不高兴的事。”

女孩默然，她看了看桌面上的竹珠帘，伸出手握住了其中两串珠子，在手里把玩。

“所以你认为做了手术我们就会重新快乐起来，再也没有烦恼了？”

“当然，亲爱的，你不需要害怕，我们一定会幸福的。况且我认识的很多人都做过这种手术。”

“是啊，我也认识好多，”女孩苦笑。“做完手术他们照样过得很好很开心。”

“好了，”男人皱眉，“如果你不想做，那咱们就不做。如果你不愿意，我不会勉强你，不过那真的是个小手术。”

“你希望我做吗？”

“我认为这是当下最好的选择。但如果你不愿意，我绝不勉强。”

“如果我做了，你会开心，会像从前一样爱我吗？”

“我一直都爱你，你知道的。”

“是啊我知道。如果我做了手术，即使我说什么东西像白象，你都会附和我，我们看起来很幸福，这不就是你想要的吗？”

“我只想要我们开心快乐。你要现在这么问我，我也不知道怎么回答。我现在有点烦，你知道，我心烦的时候都懒得考虑那么多。”

“你的意思是我做了手术，你就不会心烦了吗？”

“我不会因为这种事心烦的，就是一个简单的小手术而已。”

“那我就去做吧。其实我一点也不在乎。”

“你这话什么意思？”

“字面意思，做不做手术我都无所谓。”

“别这样，我在乎你。”

“是吗？我对自己不在意而已，与你无关，做了手术，万事大吉。”

“如果你这么想，那还是别做手术了。”

女孩没理男人，站起来走到车站的尽头。铁道对面是埃布罗河畔的良田和树木。远处，河岸两边是连绵错落的山。一片云笼罩了良田，透过茂密的树林，女孩看到了河。

“我们本来可以坐拥一切美丽的风景，”女孩幽然叹息。“我们本可以坦然地享受生活，但是一天天过去，我们的日子越来越不舒心。”

“你说什么？”

“我说我们本可以坦然地享受生活。”

“我们不就在享受啊。”

“不，我们并没有。”

“如果你想，我们可以拥有整个世界。”

“不，我们不能。”

“只要你想，我们可以去任何想去的地方。”

“不，我们不能。这个世界已经把我们抛弃了。”

“没有的事，世界是我们的。”

“不，不再是了。一旦被抛弃，我们就再也回不去了。”

“我们没有被抛弃。”

“是吗？你说没有就没有吧。”

男人试图转移话题：“来阴凉处坐会。你不该有那种想法。”

“我什么想法也没有，”女孩淡淡地说。“我只是在陈述事实。”

“我不会让你做任何你不想做的事……”

“我知道的，你不希望我做什么对我不利的决定。”女孩深吸了口气，“我们能再来杯啤酒吗？”

“当然。但你必须明白……”

“我明白，”女孩瞥了一眼男人，“我们不聊这个了行吗？”

男人和女孩重新落座，女孩看也不看男人，只看着对面绵延的山丘和干涸的河谷，男人则一会看看女孩，一会看看桌子。

“你必须明白，”男人还是没忍住，“如果你不愿意做手术，我不会勉强你去，如果你想让我负责，我会承担一切，如果这个承诺对你来说很重要的话。”

“难道你不应该负责吗？无论如何我们都应该试着活下去。”

“我是应该负责，但我现在只想和你在一起，我不想我们之间多一个人。再说了，那就是个很随便的小手术。”

“你当然觉得那种手术很随意了。”

“随你怎么想，但我知道那的确就是个简单的小手术。”

“好吧，你现在能为我做一件事吗？”

“我愿意为了你做任何事。”

“那能不能请你，不，是求你，求你闭嘴，不要再说话了。”

男人闻言没再吱声，只是疲惫地望着墙边的旅行包，包上贴着他们投宿过的所有旅馆的标签。

“我其实不希望你去做手术，”男人呐呐地说。“做不做对我来说没什么两样。”

“你再多说一句我就喊了。”女孩瞪着男人。

这时女侍应端着两杯啤酒从酒吧竹帘里出来，把酒放在已被沾湿的杯垫上。“火车 5 分钟后到站。”她对男人说。

“她跟你说什么？”女孩问。

“说火车 5 分钟后就到了。”

女孩冲着女侍应灿烂地一笑，以示感谢。

“我们最好把行李提前拿到车站那边去，”男人说。女孩扯了扯嘴角。

“好的。放好就回来吧，我们把啤酒喝完。”

男人拎起两个沉重的旅行包，绕过车站，把它们搬到另一道站台上。他往远处的铁轨上看了看，但没有看到火车。回来的路上，他穿过酒吧，所有候车的人都在喝酒。他烦躁地在吧台点了一杯茴香酒，看着来来往往的人若有所思。所有人都在悠闲地等待火车的到来。他深吸了口气，穿过珠帘走了出去。女孩坐在桌边，正对着他笑。

“你现在感觉好些了吗？”他小心翼翼地问。

“我感觉好极了，”她垂下眼睑。“真的，我很好，我觉得一切都好。”

《白象似的群山》
英文赏析

15 模范百万富翁

◎奥斯卡·王尔德

除非一个人很富有，不然就算长得很吸引人也仍是无用武之地；浪漫是有钱人的特权，而非失业者的职业。贫穷人家就是应该平平凡凡、普普通通地过生活，能够有个长久稳定的收入总是比长得迷人保险多了。这个现代生活中的真理却是休·尔斯金永远也无法参透的。可怜的休！我们必须承认，在智力方面，尔斯金并无举足轻重的地位，他从没说过令人听了会眼睛为之一亮的话，就连坏话都没讲过！不过，他利落的身材、灰湛的眼睛，再配上蜷曲的棕发，真是生得完美迷人！就连男人也像女人一样迷恋他！他多才多艺——只可惜除了赚钱这项技能以外。他先父留下一把骑士剑和一套十五册精装的《半岛战争史》，休把剑挂了起来，然后把书放在书架上，就在《赛马指南》和英国哲学家山谬·贝利的《杂志》中间，过着由阿姨接济他一年两百英镑生活费的日子。但这也不能怪他，他的确尝试过要赚钱，他曾经连续六个月到股票交易所报到学习投资，可是，一位翩翩花蝴蝶怎么搞得懂股票的牛市与熊市？他也曾用半年多时间当茶商，不过很快就对贩卖白毫乌龙与小种红茶感到倦怠无趣。然后他试着贩卖干雪莉葡萄酒，结果也不成功，雪莉酒不够甜，顾客不喜欢！最终，他成了一无是处、饱食终日、无所事事的浪荡子，空有一身虚华的外壳，却没职业。

更糟的是，他竟陷入爱河啦！那位姑娘名叫劳拉·莫顿，是前驻扎印度的莫顿上校的千金；印度炎热的气候不仅让上校的脾气变得焦躁，饮食文化的差异更让他的消化系统出现了问题，回国后都还一直困扰他。劳拉非常爱慕休，他也拜倒在劳拉的石榴裙下，小两口在伦敦可算是一对金童玉女，然而他们俩却毫无分文。虽然上校还算欣赏休，对订婚之事却绝口不提。

“小伙子，当你有一万英镑时，再来跟我谈婚约的事吧！”上校如是说。休为此好几天都郁郁寡欢，还因而找劳拉寻求慰藉。

某日早晨，正当他要前往莫顿家所在的荷兰公园时，他顺道拜访了一位挚友——亚伦·崔佛，一位才华横溢的画家。的确，现今人们很少不画两下的，但亚伦还是位艺术家，而后者相对是少数。单就外表而言，亚伦是位有着点点雀斑与火红乱须的粗犷怪胎，然而当他手执画笔一展长才时确实是位大师！而且他的画作更是人人争相竞买。起初，亚伦完全地被休的个人魅力所吸引，“画家需要结交的朋友，”他以前经常说，“就是那些长得美丽而狂野的人，那些让人觉得在艺术上赏心悦目、在聊天时觉得提升精神层次的人。潮男靓女掌管世界，至少他们应该如此。”可是当他越来越了解休之后，他所喜爱的不再只是休的外表，而更是他积极活泼的精神和慷慨直率的特质。亚伦也对他表示，他的工作室永远为休敞开大门。休正要进门时，他看到崔佛正在细细触摸刚完成的一幅完美的乞丐等身画像。为崔佛担当模特儿的乞丐站在工作室一角突起的平台上，他是位有张像皱羊皮纸的脸而满面虔敬的干瘪老人，肩上挂着粗劣又破烂的棕色斗篷，脚上的厚重靴子补了又补。他一手拄着一根粗棍，另一只手抓着用来乞讨的破烂帽子。

“哇，好令人惊艳的模特儿！”休一边与亚伦握手一边低声赞叹。

“令人惊艳的模特儿？”崔佛尖声叫道，“欸，我也这么觉得！毕竟像他这么特别的乞丐并不是每天都可以在街上碰到的。大发现啊，兄弟，真是西班牙画家维拉斯奎兹再世！哇！不知道林布兰会怎么画他！”

“可怜的老家伙！”休说，“他看起来可真悲惨！但我想，对你们画家来说，他愁苦的脸就是他的财富了吧？”

“当然。”崔佛回答：“你不会想看到满面春风的乞丐吧？”

“模特儿摆姿势可以赚多少？”休问，顺势找到一张舒服的沙发床上坐了下来。

“一小时一先令。”

“那你的画卖多少钱？”

“噢，这张我想开价两千。”

“英镑？”

“基尼。画家、诗人和内科医生都是拿基尼币。”

“嗯，我觉得模特儿应该分红才对，”休笑着说：“他们跟你一样卖力工作。”

“胡说！胡说！你看看那个老家伙只不过是当个模特儿花一整天帮我摆姿势好让我作画而已！休，你说得很好，但是我向你保证，很多时候艺术几乎就和体力劳动一样高贵。不过我现在很忙，不想跟你闲扯，你别干扰我，在旁边抽根雪茄安静一下吧。”

过了一会儿，仆人进来告诉崔佛说裱框的师傅想找他谈谈。

“别急着走啊，休。”当崔佛出门时说：“我很快就回来”

当崔佛离开时，老乞丐趁势在休的背后找了张木凳坐下来休息一会儿，他的面容看起来如此凄凉悲惨，休忍不住深深垂怜他。休翻了翻口袋看是否有钱可以施舍给老人，只找到一磅和几个铜币。“可怜的老家伙，”休心想：“他比我更需要钱，唉，只不过要是给了他，这两个礼拜可就没有钱坐马车了。”他起身走向老乞丐，给了他身上仅存的一镑。

老人的脸上吓了一跳，掠过一丝浅浅的微笑：“谢谢你，先生。”他张着干瘪瘪的嘴说：“谢谢！”

等到崔佛回来，休就先行告辞了，他还因为刚刚做了一件善事感到不好意思而脸红。接下来的一整天，他都和劳拉泡在一起，为了施舍一事被劳拉笑骂一番，最后必须走路回家。

当晚，休约莫七点钟时散步到名叫“色盘”的一间酒吧，他发现崔佛自己一个人坐在吸烟区喝着普鲁士产的白葡萄酒与气泡水。

“哎，亚伦，你的画完成了没？”他点起雪茄。

“当然！就连外框都裱好了呢！”崔佛回答：“喔，对了，你还博得了那个老家伙的欢心呢！他非常仰慕你，还一直问我有关你的事情，于是我就告诉他了——包括你是个怎么样的人、你住哪里、你的收入从哪儿来、你的未来啦……”

“天啊，亚伦，”休叫道：“搞不好等我回家时会看到他在家门口等我呢！你在开玩笑吧！可怜的老家伙！唉，真希望我能帮他做点什么事。看起来如此凄凉悲苦真是件可怕的事啊！我家有一大堆旧衣服，你觉得他会介意穿二手衣吗？他的破烂衣衫都快烂成碎片了。”

“但他穿起那些破烂衣服来挺好看的呀！”崔佛反驳道：“如果他穿着正式礼服我才不会想画他呢！你说那是衣衫褴褛，可我却觉得那是浪漫情怀。在你看来的贫穷在我眼里可是别致生动的画作元素啊！不管怎样，我会告诉他说你想要提供他一些二手衣的。”

“亚伦，你们这些画家真是冷血的一群人。”休板起脸说。

“艺术家的心就是他的脑袋啊，”崔佛回答：“再说，我们的工作就是把世界照实呈现出来，而不是照我们的想法改变它。这是我们的专业。好了，不说了，聊聊劳拉的近况吧！那个老家伙对她也挺有兴趣的。”

“你不会把劳拉的事情也告诉他了吧？”休感到很吃惊。

“我当然都告诉他了啊！他还知道可爱的劳拉和她无情的爸爸，甚至是上校要求的一万英镑。”

“你竟然把我的私事都告诉了那个老乞丐？”休面颊涨红、生气地质问他。

“噢，我亲爱的兄弟，”崔佛笑道：“你所称的那位老乞丐可是全欧洲最有钱的人之一呢！他富可敌国到可以在明天之前买下整个伦敦市，全欧洲各国首都都有他的落脚之处喔！他不只吃饭用金盘，甚至只要他想，就能阻止沙俄发起战事。”

“你到底在说些什么啊？”休不解地嚷嚷。

“我是说，”崔佛耐心解释：“你今天在我工作室所见到的老人可是豪斯堡男爵啊！他是我的挚友之一，买了我所有的画作呢！大约一个月以前，他付了一点委托金，要我把他画成一个老乞丐。你猜怎么着？一个百万富翁的突发奇想！而且我觉得那个乞丐服还真适合他呢！噢，应该说是我的乞丐服，那件破衣是我以前从西班牙带回来的。”

“豪斯堡男爵！”休惊讶地大叫：“我的天啊！我还给了他一镑！”休沮丧地跌坐在扶椅里。

“给他一磅？”崔佛难以置信地大笑：“兄弟，那你就再也看不到你的钱了！他的事业就是在赚别人的钱啊！”

“我想你应该事先告知我才对啊，亚伦，”休愠怒地说：“你把我蒙在鼓里还让我做出这种糗事！”

“噢，这个嘛，休，首先我要澄清一下，”崔佛说：“我从来没有想过你会这么直率地施舍。我可以理解你会想要亲个漂亮模特儿，但是施舍金钱给一个丑家伙？我的老天爷啊！不可能。况且，对别人来说，我今天并不在家，你突然登门造访，我不确定男爵会不会希望透露他的身份。你也知道，他没穿着正式衣着啊。”

“他一定会觉得我是个大傻瓜！”休懊恼地大叫着。

“正好相反！你走之后他非常开心呢！还一边嬉笑一边磨着他满是皱纹的双手，一副对你很感兴趣的样子。我本来还不懂为何他这么想知道你的事，但现在我懂了。哎，放心，男爵会把你给他的钱拿去投资的，休，之后每半年付你一次利息，并让他能在晚餐过后又多了个钱滚钱的投资事迹好向别人说嘴。”

“我真是个倒霉的败家子，”休咆哮着：“我想我现在最好直接回家上床睡觉，还有，我的好亚伦，绝对不能把我的糗事泄漏给任何人知道！唉，丢脸死了！以后没胆出来见人了！”

“你在胡说什么！这显示了你有着高尚的慈悲精神啊。休，别逃避，再抽根雪茄吧，你可以顺便聊聊劳拉的事。”

然而，由于无地自容，休不想留下来，于是径自回家，内心极度不快，只留下亚伦．崔佛和阵阵传来的笑声。

隔天早上，正当休在用早餐时，仆人捎给他一张卡片，上面写着：“古斯塔·诺丁先生收，寄信人：豪斯堡男爵”。

“我想，他是要我跟他道歉吧。”他自言自语地说道，并吩咐仆人延请贵客入内。

一位老绅士戴着金边眼镜、顶着一头灰花白发优雅地走进房间，带着一点法国口音开口问道：“我有这个荣幸能称呼您尔斯金先生吗？”

休向他鞠躬。

“是豪斯堡男爵吩咐我来找您的，”老先生说道：“男爵他……”

“请您，呃，先生，帮我向男爵致上我最真诚的致歉，”休紧张到结巴。

老先生听了休的话后微笑地说：“男爵委托我捎给您这封信——”，他拿出一个密封的信封袋。

信封上写着：“一位老乞丐送给休·尔斯金与劳拉·莫顿的结婚礼物”，袋子里面有一张一万英镑的支票。

当小两口快乐地结婚时，亚伦·崔佛担当休的伴郎，而男爵也出席了他们的结婚典礼，并在喜宴上发表了一番演说。

“身价不菲的模特儿，”亚伦表示：“已经不多见了，但是，老天爷，担任模特儿的百万富翁更是少之又少啊！”

《模范百万富翁》
英文赏析

16 鸡　蛋

◎舍伍德·安德森

我一直都相信父亲是一个开朗和善的人。直到他 34 岁，都在一个叫托马斯·巴特沃斯的农场里做帮手，他的住处靠近俄亥俄州的比德维尔镇。父亲还有一匹马，每到星期六晚上就骑着他的马进城，和其他农场主进行几个小时的社交活动。在那个镇子里，他就在本海德的酒馆里喝了几杯啤酒，到了星期六晚上，酒馆里挤满了来访的农场工人。人们唱着歌，让玻璃杯在吧台上砰砰作响。十点钟的时候，父亲沿着一条偏僻的乡间小路骑着马回家，让他的马舒服地过夜后，自己就上床睡觉了，他很享受现在的快乐生活。而且那时他还没有想过要去崛起，站在世界巅峰。

在他 35 岁那年的春天，他娶了我的母亲，她当时是一名乡村学校的老师。第二年，我呱呱坠地，伴随着一阵啼哭来到这个世界上。从此他们两人就变了，变得雄心勃勃。美国人对于要在世界上崛起的热情占据了他们内心。

可能由于母亲自身的原因。她作为一名教师，无疑读过很多书和杂志。我想，她一定读过关于加菲尔德、林肯和其他美国人是如何从贫穷走向名望和伟大的相关书籍，当我躺在她身边的时候——在她躺着的日子里——她可能梦想着有朝一日我能学会带领人类和规划城市。所以无论如何，她劝说父亲放弃农场主的职业，卖掉他的马，开始自己的独立事业。母亲是一个高个子、沉默寡言的女人，有一个高鼻梁和一双总是忧心忡忡的灰色眼睛。她自己什么也不想要，但为了父亲和我，她有着不可救药的野心。

他们两人第一次冒险的结果很糟。因为他们在距离比德维尔 8 英里的格里格斯路上租了 10 英亩[①]的贫瘠满是石块的土地，开始养鸡。我在这个地方长大成人，懂事时对那里的生活开始有了第一印象。一开始，这些印象对我来说都是灾难，反过来，倒不如说我是一个悲观的人，都是倾向于看到生活的阴暗面，我把它归咎于这样一个事实：本该让我快乐的童年时光却让我在养鸡场度过。

一个对这些事情一无所知的人，根本不可能知道在鸡的身上会发生多少糟糕的事情。它从蛋里破壳而出，像复活节贺卡上的照片一样，宛如一个毛茸茸的东西活了几个星期，然后变得赤裸不堪，吃了大量的玉米和父亲额头上的汗水买来的食物，结果得了一种叫作皮疹、传染病和有着其他名字的疾病，站在那儿用愚蠢的眼睛看着太阳，得了这些病就会死掉。有几只母鸡偶尔还有一只公鸡，打算为上帝的神秘而服务，挣扎着直到成熟。当母鸡下蛋后，小鸡仔儿们从蛋里孵化出来，这样一场可怕的循环就完成了。这一切都是难以置信的复杂。大多数哲学家一定都是在养鸡场长大的。一个人希望从一只鸡身上得到很多想要的信息，而且幻想破灭得可怕。小鸡仔儿们刚刚踏上他们鸡生的旅途，看上去如此警觉，实际上它们看上去很愚蠢。它们有些行为太像人了，在对生活的判断中混淆了一个方面。如果疾病没有杀死它们，它们会等到你的期望被完全唤醒后在马车的轮子下踉踉跄跄行走——让车轮去压它们，重新回到造物主那里。害虫侵扰它们的青春，财富必须花在治疗粉末上。在后来的生活中，我看到了一部关于养鸡致富的文学作品。这本书的目的是让那些刚刚吃了善恶知识之树果实的神来阅读。这是一部充满希望的文学作品，它宣称在养了几只母鸡并且又有着野心勃勃的人可以做很多事情。不要误入歧途。这并不是为你写的。这些人去阿拉斯加冰封的山丘上淘金，相信政治家的真实，如果你愿意，相信世界每天都在变好，相信善会战胜恶，但请不要阅读和相信有关这些母鸡的文献。记住这都不是为你写的。

---

① 1 英亩≈4047 平方米。

然而，我偏离主题了。我的故事主线与母鸡无关。如果说得对的话，应该以鸡蛋为中心。十年来，我的父母一直在为养鸡场挣钱而奋斗，后来他们放弃了这种奋斗，开始了另一种奋斗。他们搬进了俄亥俄州的比德维尔镇，开始从事了餐馆生意。十年来，我们一直在担心孵化器没有孵化出来小鸡，用它们可爱小毛球以它们自己的方式传递到半裸的母鸡身上，再从这种母鸡身上传递到死去的母鸡身上，我们把所有的东西都扔到一边，把自己的东西装在一辆马车上，沿着格里格斯的路驶向比德维尔，一个充满希望的小商队在寻找一个新的地方，从那里开始我们积极向上精彩的人生旅程。

我们看上去一定很悲伤，我想，我们不像逃离战场的难民。妈妈和我走在路上。装我们货物的那辆马车是从一个邻居，艾伯特·格里格斯先生那里借来的。这辆马车的侧面伸出那廉价椅子的腿，在那些床、桌子和装满厨具的盒子的后面是一箱活鸡，上面是婴儿车，我在婴儿时期就被这婴儿车推过。我不知道为什么我们要这辆婴儿车。也许家里没有其他孩子出生了，轮子也坏了。拥有很少财产的人紧紧地依附在他们所拥有的东西上。这也是让生活如此令人沮丧的事实之一。

父亲骑在马车上。那时他是一个 45 岁的光头男人，有点胖，由于长期与母亲生活和鸡打交道，他变得习惯性的沉默和气馁。我们在养鸡场的十年里，他一直在邻近的农场当工人，挣来的大部分钱都花在了治疗鸡病的药物上，用在威尔默的白色奇迹的霍乱疗法上，用在比德洛教授的鸡蛋生产商上，或用在母亲在家禽报纸上登广告的其他制剂上。父亲头上耳朵上方有两小块头发。我记得在一个冬天的周日下午，当他睡在炉子前的椅子上时，我还是个孩子的时候，常常坐在那里看着他。那时我已经开始读书，有了自己的想法，我想，他头顶上的那条光秃秃的小路就像一条宽阔的路，凯撒可能会在这条路上带领他的军队离开罗马，进入一个未知世界的奇迹。我想这长在父亲耳朵上方的一簇头发就像森林。我陷入了半睡半醒的状态，梦见自己变小了，沿着这条路走到一个遥远而美丽的地方，那里没有养鸡场，那里的生活是很快乐的没有鸡蛋的生活。

有人可能会写一本关于我们从养鸡场“逃”到城里的书。我和母亲走了整整 8 英里——她确信马车上没有任何东西掉下来，而我则想去看看世界奇观。父亲旁边的马车座位是他最大的宝藏。我会告诉你这些事。

养鸡场里有成千上万的小鸡从蛋里出生，发生的事情也千奇百怪。就像有的人生来就长得丑陋奇怪，有的鸡也会生得奇丑无比。这种意外并非时常发生——或许只有千分之一的出生几率。你看这只小鸡，它就生了四条鸡腿，两对鸡翅，两个脑袋甚至有些小鸡生出来什么都没有。这些命薄的可怜小鸡，出生不久后便要匆匆回到上帝手中回炉重造。对父亲来讲，这些小可怜的夭折就是一场的悲剧。他梦想着将一只五腿母鸡或者双头公鸡成功养大，那么带着这些神奇的鸡赶集或是卖票展览走遍美国，说不定也能大赚一笔。后来，他一直都对这件事情念念不忘。

但是不管怎么说，每一只生得奇形怪状的鸡仔都得到了父亲的极力拯救。它们死后，父亲用酒精对尸首进行防腐处理，并把它们的小身体收藏在玻璃瓶中。这些玻璃瓶被他小心翼翼地收进了一个箱子里，在进入小镇的一路上，他都守在这个箱子旁边，他一手驾车，一手小心地护住他的箱子。我们一到目的地，他就把他的箱子小心翼翼地捧下车，取出瓶子。后来，在俄亥俄州彼得威尔镇经营饭店的这段时间，这些待在玻璃瓶里的奇怪小鸡始终霸占着柜台正后方的货架。母亲不时地对这些小鸡的存在表示抗议，但父亲对于这件事情却始终不肯退让。他认为这些奇形怪状的小鸡就是无价之宝，他坚信，人们都喜欢怪异而奇特的东西。

我说过我们家要在俄亥俄州的彼得威尔镇上经营饭馆的事情吧。这样说其实有点夸张了。这座小镇本身就坐落在山麓之下、小河之畔，铁路绕过小镇停在小镇北边一英里外的一个叫皮克尔维尔的地方。火车站旁的一家果醋作坊和泡菜厂在我们来前就已经歇业了。每天早上和晚上，都会有一趟公共汽车从彼得威尔镇主街上的旅馆拉上人出发，沿着一条叫特纳·派克的大街驶向车站。在一个如此偏远的地方经营一家饭馆是我母亲的注意。她念叨了一年之后的某一天就突然到火车站对过租下了这个门面。她一口咬定这将会是一家挣钱的饭馆。据她所言，这些旅客总会出镇在附近候车，镇上的人们也会来车站等候上车。他们会过来饭馆买上一些馅饼，喝些咖啡。现在我知道她其实另有打算。她对我寄予厚望，希望我能去上城镇公学，做城里人，让我可以出人头地。

在皮克尔维尔镇，父母一如既往地吃苦耐劳。首先，为了让我们的门面看起来更像一个饭馆，我们花了一个月的时间为饭馆做了一些基础的修缮。父亲做了一个用来放置蔬菜罐头的货架。他还画了一个招牌，并在招牌上用大红字漆了自己的名字，名字下方非常直白地写着——“来吃!”——不过真正来吃饭的人却很少。新买来的橱柜里放满了各式各样的烟草，母亲也把墙板和地板擦得光亮。而我在镇上上学，为自己终于摆脱了那个养鸡场和那群奇怪的小鸡而感到开心。不过我也并非完全无忧无虑。晚上，当我放学沿着特纳·派克大街走回家时，我想起白天在学校操场看见一群同学在玩耍。其中有一群女孩在蹦蹦跳跳地唱着儿歌。我也加入她们跟着她们一起做。我在结冰的路上，抬起一只脚蹦蹦跳跳地大声唱道“蹦蹦跳，上发廊”。不过我却有点惶恐不安，停了下来向四周望去，生怕被别人看见我这副兴高采烈的样子。我总觉得，像我这样一直生活在一个总被死神光顾的养鸡场的孩子做出这样的举动是千不该万不该的。

后来我的母亲决定让饭馆通宵营业。每晚十点，都会有一趟向北的客车和一节货车车皮先后从我们的饭馆门口驶过。货车列车员要在皮克尔维尔镇换班，当他们工作完后就会来我们的饭馆里吃点东西。有时候也会有人点上一份煎蛋。凌晨四点后，他们从北边回来，再次光顾我们的饭馆。他们渐渐成了常客。母亲白天料理饭馆的事情，晚上就和父亲换班。在这些漫漫长夜里，当母亲和我安歇时，父亲会煮些肉，将肉塞进三明治中，放在房客的午餐篮子里。慢慢地，一个关于出人头地的念头在我父亲脑海里浮现。那种美国人的精神将他攫住。他也变得野心勃勃。

无事可做的漫漫长夜里，父亲常常会陷入深思，深刻检讨自己的前半生。他断定自己过去一直无法成功，是因为自己不够乐观积极。因此他决定从明天开始要抱着“面朝大海春暖花开”的态度面对生活。第二天早上，他就上了楼，并上床和母亲躺在一起。母亲醒来后，他们开始聊起了天，而我就躺在房间一角的床上静静地听着。

父亲希望他和母亲能为顾客表演助兴，尽量让顾客们都乐上一乐。现在的我想不起来他的原话了，但我记得他的大意就是，要把餐厅变成一个可以娱乐消遣的地方。尤其当彼得威尔镇上的一些年轻人来到饭馆时——虽然这种情况极其罕见——但我的父亲会十分精神抖擞地上台表演。他要树立一个乐观开朗笑容可掬的店主形象。母亲虽然抱着半信半疑的态度，但她也没有说什么丧气话。在父亲大胆的设想里，镇上的年轻人到时候会开心地带上自己的朋友们来到我们的饭馆里看他们表演。每天饭店里都会充满顾客们的欢声笑语。别误会，这些不是他原话。正如我前面所说，我的父亲不太会讲话。“他们只想找个去处罢了。我跟你讲，他们只想找个去处罢了，”他说了一遍又一遍。事实上，他可能只知道这一点，我只是发挥了一点想象力，弥补了他话语中的一些空缺。

在那几周内，父亲的提议在家人们的心中生根发芽。我们虽然仍旧寡言少语，但我们都开始心照不宣地试着不再每天郁郁寡欢，而是面带微笑。母亲会对每个客人都笑脸相迎，我也受到他们的熏陶，对着家里的猫也是笑容满面的。我的父亲每天都想着要娱乐大众，甚至有点想得走火入魔了。毫无疑问，父亲体内的某个角落应该潜伏着些许艺人的气质。但他不愿在来吃夜宵的铁路工人身上浪费精力，而是养精蓄锐地期待着彼得威尔镇上的年轻男女们的到来，期待着能在他们面前大展身手。在饭馆的柜台上总是会放着一篮鸡蛋，当娱乐顾客这一想法在父亲脑里诞生时，这篮鸡蛋想必就在他的眼前。可以说，鸡蛋给了父亲新的灵感，但与此同时，鸡蛋也浇灭了他新生的热情。一天深夜里，我被父亲从楼下传来的一声愤怒的咆哮惊醒。我和母亲被吓得从床上蹦了起来。她打开了床头灯，双手瑟瑟发抖。我们只听见楼下的门砰地摔上了的声音，几分钟后，父亲迈着沉重的脚步走上楼来。他手里拿着一个鸡蛋，他双手颤抖，眼神里透露着疯狂的光。当他恶狠狠地看向我们时，我几乎以为他要把鸡蛋扔向我们。结果他却只是轻轻地把鸡蛋搁在台灯旁，然后便跪倒在母亲床边，像个孩子一样开始号啕大哭，而我也受到他的感染，和他一起哭了起来。我们俩在楼上小小的隔间里号啕大哭，多么荒唐可笑的场景。而现在我对这个场景的唯一记忆就是母亲的双手不断地抚弄着从父亲头顶上穿过的光秃秃的小径。我已忘记母亲对他说过的话，也忘记母亲是如何让父亲说出原委的，更忘了父亲说了什么。我只记得我悲痛不已、惊恐不安，只记得当父亲跪在床边的灯光之下时，他头上那光溜溜的小径熠熠发亮。

至于楼底下到底发生了，我通过一些不可言说的方法知晓了整件事情的来龙去脉——就好像我目睹了父亲的崩溃。一个人迟早要面对一些不可理喻的事情。那天晚上，年轻小伙乔·凯恩——彼得威尔镇一个商人的儿子——来皮克尔维尔镇接他父亲，等着一辆南上的十点晚班车。这趟车晚点三个小时，乔不得不在我们店里晃来荡去，等候班车。后来地方货车进站，乘务员来到饭馆大饱口福后又离开了。饭馆里，只剩下乔与父亲。

打一进门，这个彼得威尔镇的年轻人就对我父亲的一举一动感到困惑不解。他注意到父亲的神情明显透露着不悦，他以为因为自己这样漫无目的的游荡引起了店主的反感，于是便准备起身离开。不巧外面开始下雨，他可不想走一段漫长的路回到小镇后再折返回来。他只好买了支五分钱的香烟，又点了一杯咖啡。他掏出口袋里的报纸，开始翻看却又歉疚和我父亲说道："我正在等晚班车，但是车晚点了。"

过了许久，我的父亲，这个乔·凯恩从来没有见过的人，仍然安静地凝视着他的访客。他毋庸置疑地怯场了。他曾设想过太多次现在的情况，可当真正该表演的时候，他却又手足无措了。

别的不说，他就连双手也都无处安放。他紧张地将一只手伸出柜台，和乔·凯恩握手。"那个，"他开口。乔·凯恩放下了报纸，盯着他。爸爸注意到了放在柜台上的一篮子鸡蛋，眼前一亮，然后开始了聊天。"那个，"他犹豫地说，"你听说过哥伦布对吧？"他看起来有点生气。"那个哥伦布是个骗子，"他确信地声明道。"他说，他能将鸡蛋从末端立起来。他说了，他也做了，但是最后他将鸡蛋的末端打碎了。”

在访客看来，我的父亲对哥伦布十分恼火。他咕哝着，声称教孩子们哥伦布是一个伟人是错误的，因为他在最关键的时刻欺骗了别人。他口口声声说，他能让鸡蛋从末端立起来，可一要露馅，他就去欺骗别人。我的父亲从柜台上的篮子里取出一只鸡蛋，嘴里仍在念叨着哥伦布，开始走来走去。他将鸡蛋放在手心里揉搓，脸上露出了笑容。他开始嘟囔着关于人体产生的电流对鸡蛋的作用。他说，只要让鸡蛋在手里来回滚动，不需要打破蛋壳，鸡蛋就可以从末端竖起来。他解释道，他的双手的温度和揉搓给了鸡蛋一个新的重心。乔·凯恩对此有了一点兴趣。“我曾经摸过上千枚鸡蛋，”父亲说道。“没有人比我更懂鸡蛋。”

他将鸡蛋放在柜台上，鸡蛋倒向了一边。他试了一次又一次，每次都在他的手掌间揉搓鸡蛋，嘴里还说着关于电的奇迹和万有引力的话。半个小时努力之后，他成功地把鸡蛋立起来了一会儿，可是他发现他的访客的注意力不在这里了。当他成功地再一次让乔·凯恩注意他的时候，这枚鸡蛋翻了个身，然后倒向了另一边。

父亲的表演热情高涨，但同时又因为第一次表演的失败而感到不安。他将装有奇怪家禽的瓶子从架子上取下来，然后将他们给他的访客看。“你想要像这个家伙一样有七条腿和两个脑袋吗？”他展示着他最引人注目的宝贝问道。他的脸上露出了愉快的微笑。他把手伸过柜台，想拍一拍乔·凯恩的肩膀，像他还是个年轻农民的时候在本黑德酒吧里看到的那样，那时的他每周六会开车进城。他的访客在看到瓶子里漂浮着一只畸形的鸟的时候，觉得不舒服，起身想要离开。父亲从柜台后面走出来，抓住了这个年轻人的胳膊，将他拽回了他的座位。他有些生气了，一时不得不扭过头去，强颜欢笑。然后他把瓶子放回了架子上。在爆发式的慷慨中，父亲强迫乔·凯恩用他的钱买一杯新鲜的咖啡和另一支雪茄。接着，他又拿起了一个平底锅，从柜台下面的酒壶里取出醋，往里面倒满。他宣称他有一个新把戏。“我将在这个装满醋的平底锅中加热鸡蛋，”他说。“之后，我会不打碎蛋壳，将鸡蛋放在一个细颈瓶里。当鸡蛋在瓶子里的时候，它会恢复正常的形状，蛋壳会再次变硬。之后，我会把装着鸡蛋的瓶子送给你。无论你去到哪里，你都可以带着它。人们会想知道鸡蛋是怎么到瓶子里的。不要告诉他们，让他们猜。这就是玩儿这个把戏有意思的地方。”

父亲咧嘴一笑，对访客使了使眼色。乔·凯恩觉得眼前的这个男人有点精神失常，但是没有恶意。他喝了那杯给他的咖啡，又开始读报纸。鸡蛋放在醋里加热后，父亲用勺子将它拿到柜前，到后面拿了一个空瓶子。他有些生气，因为他的访客并没有注意到他开始了他的把戏，但是他工作的热情不减。他挣扎了很长时间，试图让鸡蛋通过瓶颈。他把装满醋的平底锅放回炉子上，打算重新加热鸡蛋，然后拿起来烫伤了手指。在处理加热了第二次之后，蛋壳明显软化了一点，但是还没有能够达到他的目的。他一遍又一遍地尝试，一种绝望的决心占据了他。当他以为他最后一次尝试要成功的时候，迟到的火车到站了，乔·凯恩打算动身离开。父亲做了最后一次绝望的努力，想要征服这只蛋，来做一些能让他树立他是如何懂得招待来到他餐馆的客人的声誉的事。他紧握着鸡蛋，试图对它粗暴一些。他咒骂着，额头上沁出了汗水。鸡蛋在他的手里破了。当蛋液溅满了他的衣服时，站在门口的乔·凯恩转过身来笑了。

我父亲的喉咙中发出了一声怒吼。他比划着，喊着一串口齿不清的话。他又从篮子里取出了一只鸡蛋，砸向那个年轻人的脑袋，但是没有打中，年轻人闪身穿过门逃走了。

父亲上楼来找我和母亲的时候，手里拿着一只鸡蛋。我不知道他打算干什么。我猜想他是想把它毁掉，把所有的蛋都毁掉，让妈妈和我看看他是怎么开始毁掉这些蛋的。然而，当他来到母亲面前时，他做了一些举动。正如我解释过的那样，他轻轻地把鸡蛋放在桌子上，跪在床边。后来他决定打烊，上楼睡觉。当他这么做的时候，他吹熄了灯，喃喃自语了很久之后，他和妈妈都睡着了。我想我也睡着了，可是睡得并不好。

第二天清晨醒来后，我盯着放在桌子上的鸡蛋好一会儿。我想知道为什么要有蛋，而为什么母鸡又从蛋里出来生蛋。这个问题在我的脑海里挥之不去。我想它之所以一直在我的脑海里，是因为我是我父亲的儿子吧。无论如何，这个问题在我心中仍未解决。我的结论不过是又一次证明了蛋的完全胜利——至少对我的家人来说是这样。

《鸡蛋》
英文赏析

17 忠实的朋友

◎奥斯卡·王尔德

从前，有一个诚实的小伙子名叫汉斯。他一点也不出色，只是心肠好罢了，他长着一张滑稽而友善的圆脸。他独自一人住在一间小屋里，每天都在侍弄着自己的花园。整个乡下没有谁家的花园像他的花园那样可爱。里面长着美国石竹，还有紫罗兰、荠菜以及法国的松雪草。有粉红色的玫瑰、金黄色的玫瑰，还有番红花，紫罗兰有金色的、紫色的和白色的。随着季节的更迭，耧斗菜和碎米荠，牛膝草和野兰香，莲香花和鸢尾草，水仙和丁香都争芳斗艳。一种花刚凋谢，另一种花便含苞待放，所以，花园里一直都有美丽的花朵供人观赏，始终都有怡人的芳香可闻。

小汉斯有许多朋友，但是最忠实的朋友要数大休米勒——磨坊主了。的确，有钱的米勒对小汉斯非常忠实，每次他从小汉斯的花园经过时，总要俯身围墙摘上一大束鲜花，或者摘上一把香草。遇到硕果累累的季节，他就会往口袋里装满李子和樱桃。

米勒时常对小汉斯说，“真正的朋友应该共享一切。”小汉斯微笑着点点头，他为自己有一位思想如此崇高的朋友而深感骄傲。

的确，有时候邻居们也感到奇怪，有钱的米勒从来没有给过小汉斯任何东西作为回报，尽管他在自己的磨坊里存放了上百袋面粉，还有六头奶牛和一大群绵羊。但是，小汉斯从未因此而心灰意冷，经常能听米勒对他谈起那些无私的、真正友谊的美妙故事，小汉斯也颇感高兴，再说了，还有什么能比听到这些有关友情的津津乐道更让他快乐的呢？

就这样小汉斯一直在花园里干着活。在春、夏、秋三季里，他都很快乐，可冬天一到，他没有水果和鲜花拿到市场上去卖，就要过一阵饥寒交迫的日子，还常常吃不上晚饭，只吃点干梨或核桃就上床睡觉了。在冬天的日子里，他觉得特别地孤单，因为这时米勒从未来看望过他。

米勒常常对自己的妻子说，“只要雪没有停，就没有必要去看小汉斯，因为人在困难的时候，就应该让他们独处，不要让外人去打搅他们。这至少是我对友谊的看法，我相信自己是对的，所以我要等到春天到来，那时我会去看望他，他还会送我一大篮樱草，这会使他非常愉快的。”

“你的确为别人想得很周到，”他的妻子答道。她此刻正安坐在舒适的沙发椅上，旁边放着一个大火炉，炉膛里的柴火正熊熊燃烧着。“你的确想得很周到。你谈论起友谊可真有一套，我敢说就是牧师本人也说不出这么美丽的话语，尽管他能住在三层楼的房子里，小手指头上还戴着金戒指。”

“我们就不能请小汉斯来我们家里吗？”米勒的小儿子说，“如果可怜的汉斯遇到困难的话，我会把我的粥分一半给他，还会把我那些小白兔给他看。”

“你真是个傻孩子！”米勒大声嚷道，“我真不知道送你上学有什么用处。你好像什么也没有学会。噢，假如小汉斯来我们家里，他看见我们暖和的炉火，看见我们丰盛的晚餐，以及大桶的红酒，他可能会妒忌的，而妒忌是一件非常可怕的事情，嫉妒会毁了一个人的品性。我当然不愿意把小汉斯的品性给毁了，我是他最要好的朋友，我要一直照顾他，并留心他不受任何诱惑的欺骗。再说，如果小汉斯来到家里，他也许会要我赊点面粉给他，这我可办不到。面粉是一回事，友谊又是另外一回事，两者不能混为一谈。不是吗？这两个词拼写都不一样，意思也大不一样了。这一点每个人都清楚。”

“你讲得真好”！米勒的妻子说，给自己倒了一大杯温热的淡啤酒，“我真的感到很困了，就像是坐在教堂里听牧师讲经布道一样。”

“很多人都做得不错，”米勒回答说，“可说得好的人却寥寥无几，可见两者之间能说更难一些，也是更加美好一点。”他用严厉的目光望着桌子另一头的小儿子，小儿子感到很不好意思，低垂着头，小圆脸涨得通红，泪水也忍不住地掉进了茶杯中。不过，究竟他年少不更事，你们得原谅他。

冬天刚一过去，樱草那浅黄色的星花便开始开放了，米勒便对妻子说，他准备下去看看小汉斯。

“啊，你的心肠真好！”妻子大声喊道，“你总是想着别人。别忘了把篮子带上，回来顺便捎点花儿。”

于是米勒用一根粗壮的铁链把风车的翼板固定起来，随后挎着篮子就下山去了。

“早上好，小汉斯，”米勒打着招呼。

“早上好，”汉斯回答道，身体斜靠在铁铲上，满脸堆着笑容。

“整个冬天你都过得好吗？”米勒关心地问道。

“哦，还行，”汉斯答道，“谢谢你的关心，你真好。我得说，整个冬天我日子过得挺艰难的，不过现在好了，春天到了，我很高兴呀，我的那些花都长势良好。”

“汉斯，一个冬天我们常常提起你，”米勒说，“还特别关心你过得怎么样。”

“太感谢你了，”汉斯说，“我还真有点担心你会把我给忘了。”

“汉斯，你说的话让我吃惊，”米勒说，“友谊从不会忘记朋友，这就是友谊的真谛所在，但是，恐怕你还不懂得生活的诗意。啊，对了，你的樱草长得很可爱呀！”

“确实长得可爱，”汉斯说，“我太幸运了，有这么多漂亮的樱草。我要拿到市场上去卖，卖给市长的女儿，用卖花的钱就能赎回我的小推车。”

“赎回你的小推车？可不要说你把推车卖掉了？你可做了一件傻事呀！”

“噢，没办法，”汉斯说，“我不得不把推车卖了。你知道冬天对我来说是很困难的，我也的确没钱买面包。所以我先是卖掉了祈祷服的银纽扣，然后又卖掉了银链条，接着卖掉了我的大烟斗，最后才卖掉了我的手推车。不过，我要把它们都赎回来。”

“汉斯，”米勒说，“我愿意把我的小推车送给你。它有点陈旧、破烂，一侧车帮也掉了，轮轮的辐条也有些毛病，但不管怎么说，我还是愿意把它送给你。我知道我这个人向来非常慷慨，我要是把小推车送了人，很多人会认为我很傻，但是，我与众不同。我认为慷慨是友谊的核心。再说，我家里还有一辆崭新的小推车。好了，你就放心吧，我要把小推车送给你的。”

“呵，你太慷慨了，”小汉斯说着，它那张滑稽有趣的圆脸洋溢着喜气与感激。“我会毫不费力地把它修好的，因为我屋里就有一块木板。”

“啊，一块木板？”米勒说，“对了，我正好想找一块木板来修补我家仓房的屋顶。屋顶上面有一个大窟窿，如果我不把窟窿堵上，仓房里的粮食就会被淋湿。多亏你提到这事：一件好事总会产生另一件好事，这真是不可思议。我答应把我的小推车给你，那么你就应该把你的木板给我。当然了，一辆推车可要比木板值钱得多，不过真正的友谊从来不会计较这种事的。快把木板拿来吧，我今天就动手去修我的仓房。”

“没问题，”小汉斯说，随即他跑进小屋，把木板拖了出来。

“这木板不太大，”米勒看着木板说，“恐怕等我修完屋顶后，就剩不下多少修补小推车的材料了，当然，这不能怪我。而且我已经答应把我的小推车给你，我相信你一定乐意给我一些鲜花作为回报的。这是我的篮子，麻烦把篮子装满。”

“要装满吗？”小汉斯问，脸上的表情显得局促不安，因为这个篮子太大，他心里明白，要是把这只篮子装满的话，鲜花就剩下不多了，那他就不会有鲜花拿到集市上去卖了，再说，他又非常想把银纽扣赎回来。

“噢，对了，”米勒回答说，“既然我要把自己的小推车给你，我觉得向你要些鲜花也不为过嘛。也许我错了，但是我认为，友谊，真正的友谊，是不会夹带任何私心的。”

“亲爱的朋友，我最好的朋友，”小汉斯说道，“花园里所有的花都供你享用。我宁肯听你的高见，也不愿立刻把银纽扣赎回来。”说完他就跑去把花园里所有的鲜艳的樱草都摘了下来，整整装满了一大篮子。

“再见了，小汉斯。”米勒说。他肩上扛着木板，手里提着篮子朝山上走去。

“再见。”小汉斯说，然后他又快乐地在花园里耕作着，那辆小推车使他兴奋不已。

第二天，小汉斯正往门廊上盘忍冬的时候，听见米勒在马路边上喊叫他的声音。他从梯子上跳下来，跑到花园里，朝墙外望去。

只见米勒扛着一大袋面粉站在外面。

“亲爱的小汉斯，”米勒说，“麻烦帮我把这袋面粉扛到集市上去好吗？”

“实在对不起，”汉斯说，“我今天真的太忙了。我要把所有的爬墙虎整理好，要给所有的花浇上水，还要把所有的草翻一翻。”

“啊，好吧，”米勒说，“我认为是这样的。你想想看，我将把我的小推车送给你，你要是拒绝帮忙，那你就太不够朋友了。”

“啊，不要这么说，”小汉斯大声叫道，“放心，我永远都不会做对不起朋友的事情。”说完，他走进小屋，戴上帽子，扛着那袋面粉，步履艰难地朝集市走去。

这一天天气炎热，路上尘土飞扬，汉斯还没有走到六英里[①]处的界牌，就累得不行了，只好坐下来歇歇脚。不过，他又继续勇敢地上路了，最后

① 1英里≈1.6千米。

终于赶到了集市。没有等多久，他就把那袋面粉卖掉了，还卖了个好价钱。他立即动身回家，担心在集市上待得太晚，怕在回家的路上遇上强盗。

“哎，今天累死了，”小汉斯躺上床自言自语地说，“不过我很高兴，没有拒绝米勒的请求，他是我最好的朋友，再说，他还要把他的小推车送给我呢。”

第二天一大早，米勒就下山来取他那袋面粉的钱，可是小汉斯太累了，这时还躺在床上睡觉呢。

“我得说你，”米勒说，“你太懒了，我都要把我的小推车送给你了，你应该更勤奋才对。懒惰是一大罪，我不喜欢我的朋友是个懒汉，懒虫。休怪我直言，我要不是你的朋友，我永远都不会说你的。但是如果朋友之间不能坦诚相待，那算什么友情，有意思吗？漂亮话谁都会说，谁不会取悦他人，讨好他人，然而，真朋友的话才是逆耳忠言，他也不怕得罪朋友。的确，如果是一位忠实的朋友，他也乐意这么做，因为他知道他在做一件好事。”

“抱歉，”小汉斯一面说，一面揉着惺忪的眼睛，取下睡帽，“我真的太累了，听着鸟儿的鸣叫声、歌声，我想多睡会儿。告诉你，当我听到鸟鸣声，我就会干起活儿更起劲。”

“呵，听你这么说，我很高兴的，”米勒说着，拍了拍小汉斯的肩膀，“你赶快起床吧，穿好衣服，去我磨房吧，帮我把谷仓屋顶的洞修补一下。”

可怜的小汉斯很想到自己的花园里去干活儿，他的花卉已有两天没浇过水了，可他又不想拒绝米勒，就因为米勒是他的好朋友啊。

“如果我说我很忙，你会认为我不够朋友吗？”他又害羞又担心地问道。

“噢，说实在的，”米勒回答说，“我觉得我对你的请求并不过分，你想，我都愿意把我的小推车给你，不过，当然了，如果你真帮不了我的忙，我只好自己动手干了。”

“啊！那怎么行呢，”小汉斯虔诚地说。他从床上跳下来，穿好衣服，往米勒的仓房走去。

他在米勒的仓房干了整整一天，直到夕阳西下，日落时分，米勒来看他干得怎么样了。

“小汉斯，你把仓房顶上的那个窟窿补好了吗？”米勒愉悦地问道。

“全补好了，”小汉斯说着，从梯子上走了下来。

“真好，”米勒说，“没有什么比替别人干活更让人快乐的事了。”

“听君一席话，胜读十年书，”小汉斯坐下身来，一边擦去前额的汗水，一边回答说，“莫大的荣幸，不过我恐怕我这一辈子也不会有你这样的高见。”

“啊！高见，你一定会有的，”米勒说，“不过你必须做出牺牲才行。现在你仅仅是在实践友谊，日后的某一天你也会具备理论的。”

“真的吗？”小汉斯问。

“没有问题，一定的，”米勒回答说，“仓房顶的窟窿已经修补好了，你就回去好好休息吧，明天帮我在山上放羊吧。”

可怜的小汉斯也没有什么可说的，第二天一大早，米勒把就他的羊群来赶到了小屋旁，然后，汉斯便赶着羊群上山去了。从早上到下午，他花了整整一天的时间放羊。回到家时，他已经精疲力竭了，坐在椅子上便倒头睡着了，一直睡到大天亮。

“在自己的花园里干活儿，我会非常快乐。”说着，他就到花园干活儿去了。

然而他却不能够全身心地去种好自己的花，因为他的朋友米勒老是不停地跑来给他派些差事，或叫他到磨坊去帮忙。有时小汉斯也很苦恼，他担心那些花儿会认为他已经把它们给忘了，但是他却用米勒是自己最好的朋友这种想法来安慰自己。“再说了，”他经常对自己说，“朋友要把他的小推车送给我，那是真正慷慨大方的举动。”

就这样小汉斯不停地为米勒做事，而米勒也讲了各种各样关于友谊的美妙语句，汉斯把这些警句都记在了他的笔记本里，晚上经常拿出来翻看，因为他还是个爱读书的人。

有一天晚上，小汉斯坐在炉旁烤着火，忽然传来了响亮的敲门声。这是个气候恶劣的夜晚，风一个劲地在小屋周围狂吹乱吼。起初他还以为听到的只是风暴声呢，可是又传来了第二次敲门声，接着是第三次，而且比前两次敲得更响亮。

“这是个可怜的行路人，”小汉斯说着，便朝门口走去。

原来门口站着的是米勒，他一只手提着马灯，另一只手拿着一根大拐杖。

“亲爱的小汉斯，”米勒说，“我遇到大麻烦了。我的小儿子从梯子上摔了下来，而且受了伤，我准备去请医生。可是，大夫住得太远，今晚的天气又如此恶劣，我突然觉得，要是你替我去请医生，那该多好啊。你知道我将把我的小推车送给你，所以你应该为我做些事作为回报，才算是公平的。”

“没问题，”小汉斯说道，“我觉得，你能来找我帮忙，这是我的荣幸。我这就去。不过你得把马灯借给我，今夜太黑了，我怕自己跌到水沟里。”

“真对不起，”米勒回答说，“这可是我的新马灯，如果它出了什么毛病，那对我的损失可就大了。”

“噢，没关系，不拿灯也行。”小汉斯说，他取下自己的皮大衣和暖和的红礼帽，又在自己的脖子上围上一条围巾，就出发了。

那可真是个可怕的风暴之夜，夜黑得伸手不见五指，小汉斯几乎什么也看不见。风刮得很猛，他都站不稳。不过，小汉斯非常勇敢，他走了大约三个钟头才来到医生的家里，他敲了敲房门。

“谁呀？”医生从卧室伸出头问道。

“大夫，我是小汉斯。”

“什么事，小汉斯？”

“米勒的儿子从梯子上跌下来摔伤了，米勒请你马上去。”

“好的！”医生说，立刻叫人去备马。他取来大靴子，提上马灯，从楼上走了下来，骑上马朝米勒的家里奔去，而小汉斯却步履艰难地跟在后头。

然而风暴却越来越大，倾盆大雨兜头盖脸浇了下来。这时，小汉斯根本看不清路面，也跟不上马步了。后来，他迷了路，徘徊在一片沼泽附近。那可是一个非常危险的地方，沼泽里到处都有深深的水坑，结果，可怜的小汉斯就在那里给淹死了。第二天，他的尸体被几位牧羊人发现了，就漂浮在一个大池塘的水面上。他们把汉斯的尸体抬到他的小屋里。

大家都喜欢小汉斯，村上人都参加了汉斯的追悼会。米勒主持了哀悼会。

“我是汉斯最好的朋友，”米勒说，“那么就应该让我站最重要的位置。”他穿着一袭黑色长袍，走在送葬队伍的最前边，不时地用一块大手帕抹着眼角的泪水。

“小汉斯的死的确对每一个人都是个大损失，”铁匠说道。这时葬礼已经结束，大家都舒适地坐在小酒肆里，喝着香料酒，吃着甜点心。

“无论怎么说，他的死对我是个巨大的损失，”米勒说，“哦，对了，我原来答应把我的小推车送给他，现在我真不知怎么处理它了。放在我家里碍手碍脚的，它已经年久失修，破烂不堪了，就是把它卖掉，我看也值不了几个钱。今后我要特别注意，不能随便答应给人东西的。大方总让人吃亏。”

《忠实的朋友》
英文赏析

18 生 火

◎杰克·伦敦

天马上要亮了，然而依旧暗沉。当他走过育空河的主干道，攀上一个陡峭的土坡时，天色还是极其阴暗和森冷。土坡高耸，上面有一条人烟稀少的、与世隔绝的小路向东边越过一大片枝叶繁茂的树林。他爬到了坡顶上，坐下来稍微顺了口气，又看了看手表。已经九点了，可天上没出太阳，连一缕阳光也不见，即使天空没有一片云彩。这起码是个大晴天，然而所有的一切都似乎被盖上了一层无形的裹尸布，一种不可言表的烦闷使天色更加阴暗。这全部都因为天上没出太阳。这并不让他感到害怕，他早已习惯了没有阳光的天气，离他上次感受到阳光已经过了很久了。他知晓他距离那使人振奋的地方还有好几天的路途，已在天边约莫可见的南边地界，其实不过是距离视线之外一点的地方。

他回头望了望来时的路。一英里左右宽的育空河在三尺[①]多的厚冰下，冰面上还盖着厚厚一层积雪。冰封的山川连在一起，绵延出温婉的曲线，连绵起伏，白茫茫的一片。无论是向南还是向北，他看见的，都是一片毫无瑕疵的白，只有一缕深色的线从南边那座冰封的岛向北方绵延，逐渐消失在另一座冰封的岛后面。那条深色的线就是主路，育空河上的主干道——它向南绵延五十多里[②]，通往奇库特隘口、岱亚和盐湖；沿着它向北走上七十多里，就是道森；再走个一千多里就可以到鲁那托；最终会通往白令海边的圣迈克尔——不过那需

① 1尺≈33厘米。
② 1里=0.5千米。

要再走个一千五百多里。

然而这触目可及的一切：神秘的、遥远的缝隙般的主干道、没有阳光的天空、入骨的寒冷以及它们所展现出的那些冷漠与森然，使那人并无动摇。倒不是因为他对这些已经见怪不怪了，正相反，对这个地方来说，他其实算一个新手，这也是他在这儿度过的第一个冬天。他的缺点是缺乏想象力。他对所有活着的东西敏感异常，然而他的警觉却仅限于那些活物本身，并体味不到活物表象之下的内涵。零下五十度换一种说法就是冰点下八十度。这温度让他很不舒服，像突然得了重感冒，但这点不舒服也没能让他对自己作为恒温动物所具有的弱点，或者说作为人类所具有的弱点而心生疑惑：那种在极限温度下才能生存的生命力；也没能让他意识到这些生而为人的缺陷和人类在自然界中处于何种地位。要防御零下五十度的刺骨严寒和无孔不入的霜冻必须拥有厚手套、厚耳套、温暖厚实的鹿皮靴和厚厚的长袜。然而零下五十度对他来说就仅仅是零下五十度，还意味着什么他根本没有想过。

他继续前行，有时随意地吐上口痰，这时一声尖锐、嘹亮的爆炸声吓到了他。他哆嗦着身子又吐了一口痰，但他惊奇地发现痰还没落到雪地上，直接爆开在半空中。他知道零下五十度的天气可以使痰瞬间冻结，落地即碎，但这口痰还没有着地就爆开了。不用细想，这时的温度已经低于零下五十度了，但具体低了多少度他不知道。不过气温倒不是太大的问题。为了原始的需求，他一心想去哈德逊湾分岔口的左岸，也就是人群聚集的地方。但当他兜了个圈子去尝试能否从溪流里把收集到的木料运出育空河中的小岛时，那些人早已越过了以印第安人湾为基准的分界线。六点钟，天刚黑下来不久，他已经在帐篷里了，那些人也在那儿，生起一堆篝火，备好一顿热腾腾的吃食作为晚餐。他想着便把手伸进大衣兜里，一个鼓囊囊的包中放着他的午饭。那包裹装在他的衬衣内侧，用围巾细细包好，紧贴着他皮肤放着，因为那是防止饼干冻成石头的唯一方法。他想到那点饼干，那一层层包起来肥而不腻的腌肉，还有那些腌肉吃的时候会沁出的丰盈油脂，快活地笑了笑。

他钻入那一整片丛林。道路难以分清。雪橇经过后的雪地已陷下去有一英尺深。他为自己没有雪橇而庆幸，这样可以轻装前进。事实上，除了那顿包在围巾里的午餐以外，他什么都没带。他对这寒冷的天气还是感到奇怪。他用戴着手套的手擦了擦麻木的鼻子和脸：的确是冷啊，他觉得。他一脸大胡子，但这一脸的毛也没法保护他高耸的颧骨和那只有挑衅感觉的伸进寒风的鼻子。

有一条小狗紧跟在他后面。那是一条很大的野狗，一条真正的狼狗。那狗一身灰毛，无论外形或脾气都与它的野狼没有两样。极度的严寒也使这只狗变得极度虚弱。它知道自己没时间闲逛，它的本能给了它一条比任何人类的约束都远为真切的教导。事实上，气温并不是只比零下五十度要低很多，而是比零下六十度、零下七十度还要低，低到了零下七十五度。零上三十二度就是冰点，也就是说天气冷到了冰点以下一百零七度。狗不懂什么是温度，可能也不像人类那样脑子里有着对严寒环境的清楚的意识，但野兽有的是它的直觉。这种直觉焕发出一种模糊的威胁，控制了它并迫使它一路上鬼鬼祟祟地跟在那人后面；让它盼着那人钻进一个帐篷或者找到一个容身之所然后生起一堆火，而且那条狗对那个人的行动感到纳闷。那狗已认识了火，它想要一堆火，要不就只好在雪地上刨个洞然后蜷在里面好获取温暖。

它呼出的湿气已在它的毛皮上结了一层霜，特别是它的下颚、鼻子和眼皮，已经被水晶般的冰粒变成了白色。那人的红胡子也同样冻上了，而且冻得更牢固。他不断呼出的温暖而潮湿的空气已慢慢冻结、积聚成了冰块。他正嚼着烟草，脸上的冰块把他的嘴唇都冻僵了，以至于他吐掉汁水的时候没法把下巴弄干净。最后，弄得他胡子上冻结的水晶和琥珀般的硬块越积越多，越来越长。如果他跌倒的话，那东西就会像玻璃一样碎成片片。不过他对这个附在他身上的东西并不在意。这是每一个在那个地方嚼烟的家伙都躲不过的惩罚，他早在前两次寒潮袭击时便已经领教过了。从一个叫“六十里”的地方的公用温度计上他读到了一次是零下五十度，另一次是零下五十五度。但那两次都没有这一次这么冷，这一点他知道。

他在那片广阔的林地中前进了几里，穿过了一片平坦的黑土地，然后下到一条已经封冻的河床上。这儿就是哈德逊湾，他知道他离那河流的分岔口还有十里。他看了看表，现在十点。一小时走了四里，他算了算，自己在十二点半应该可以赶到那岔口。他打算在那儿吃午饭算是庆祝这一里程。

在他摇摇晃晃地走在冻结的河床上时，那狗也无精打采地耷拉着尾巴跟着他下到了河床上。这条老路上的车辙印仍然清晰可辨，尽管已经有十英寸厚的积雪盖在了最后一对雪橇的压痕上。这寂静的河床已有一个月没人经过了。他坚定不移地继续走着，什么也不多想。除了该在岔口边吃午饭和晚上六点钟钻进帐篷和同伴们在一起以外，他也的确没什么可多想的。旁边也没有人可以说话，就算是有，他嘴上的冰甲也让他没法开口。所以他只好一个劲儿地继续嚼他的烟草和继续加长他的琥珀胡子。

有一段时间他总觉得冷，从来没有这么冷过。他一边走着，一边不停地用手套擦着颧骨和鼻子。但尽管他擦个不停，他的脸颊还是很快就麻木了，然后鼻尖也立即失去了感觉。他知道他的脸冻僵了，他明白。他责怪自己没想到在寒冷来临的时候应该有一条鼻带。这种带子可以横着把脸裹起来，这样就能保护好鼻子和脸。不过这也没关系。冻僵了是怎么回事情呢？一点儿疼痛，仅此而已，没什么大不了的。

虽然他的脑袋里一片空白，但他仍然十分清醒。他注意到了这条河的变化，那些弯道、拐角以及那些灌木丛的变化，他专注于自己的每一个下脚处。有时，遇到一个凹处，他会突然跳开，像一匹受惊的马。然后绕过他刚才走过的地方，沿着河道回走一段。他知道这条河已经冻得透了底了——在这极地的寒冬里，河里是绝不会还有活水的——他也知道会有从山里冒出来的泉水在冰河和上面覆盖着的积雪之间流着。他知道就是最冷的寒潮也冻结不了这些泉水，他同样也明白这些水所带来危险。这些水就是陷阱，会在雪下形成小水洼，大约三英寸深，有的则深达三英尺。在这些水洼表面会结成约半英寸厚的冰壳，冰壳上覆着积雪。有时多个冰壳和夹杂其间的水层相互交叠着，人一踏上去就会陷下去一直没到腰部。

这就是为什么他总是这样小心翼翼地躲着。他能感觉到他脚下积雪的松动；听到雪下的薄冰碎裂的声音。在这样的气温下弄湿了脚是麻烦甚至危险的，至少也要耽误些时间。因为那样的话，他必须停下来生一堆火，在火堆光着脚烤干袜子和鹿皮靴。他站定了，辨认了一下河床和河岸，确认水流来自右边。他一边思考，一边擦了擦鼻子和脸。然后小心翼翼地挪动脚步，掂量着每一次落脚的分量，最后朝左边绕过去。一旦躲开了一个危险，他就狠嚼一口烟草，然后继续蹒跚着向一小时四英里的目标迈进。

在接下来的两小时里他总是遇到相同的陷阱。覆盖在水洼上的积雪通常是凹陷而且稀松的，这样就容易识别。不过还是有一次，他差一点就踏了上去；又有一次，他觉得前面的雪地不可靠，就命令那狗走在前面，那狗不干，一个劲儿向后缩着。最后他只好自己硬着头皮向前挪过去。那狗紧跟着他跑过了那白色的、看似牢固的雪地。突然，雪壳穿了，那狗掉了下去。它挣扎到水洼边，爬上了一处结实些的地方。它的前肢全湿了，上面的水很快结了冰。它立即咬掉了它腿上的冰块，接着又躺在雪地上咬爪子上的。是它的直觉让它这样干的。如果听任冰块留在那儿会让腿脚剧痛，它并不知道这一层，它只不过遵循着那种从它自身的最深处升起的无名的冲动。那人明白这一点，他权衡了一下情况，摘下了右手的连指手套好让右手去擦拭眼角，防止眼泪冻结。让他吃惊的是，他的指头敞在外面还不到一分钟，那迅捷的麻木感就已经侵袭了它们。的确很冷啊！他赶紧拉上手套，然后用右手使劲地捶着胸口。

十二点是一天中最亮的时候，但太阳仍然在地平线以下遥远的南方作冬日的徜徉。大地上凸起的山峦将她同哈德逊湾隔开，在这儿，那人在正午的晴空下走着，连作伴的影子也没有。十二点半，他按时到达了那岔口。他对自己行进的速度很满意，若能保持的话，就一定能在六点钟赶到同伴们中间。他解开大衣和衬衫，取出他的午餐来。整个动作不过十几秒钟，可就在这样短的一段时间里，他的指头又一次变得很麻木。他没有马上戴上手套，而是狠狠地用手拍着大腿。片刻之后，他在一根被雪盖住的圆木上坐下打算开始吃东西。可是手指在腿上猛拍所产生的疼痛消失得如此之快却让他大吃一惊。他不停地拍打着手，终于只好又把手套戴上；然后脱出另一只手来好吃饭。可是这样却弄得他连吃到一块饼干的机会也没有。他试着咬上一口，可封冻的嘴唇却张不开。

他忘了该生一堆火来熔化嘴上的冰块。为这个失误他吃吃地笑了，可要笑的时候，他感到麻木已经钻到他裸露的指头里去了。而且，他还发现行走时总是最先觉得疼的脚尖在他坐下以后也不疼了。他想弄明白脚趾是否也麻木了，将脚在靴子里擦搓着，然后他明白脚趾也冻僵了。

他开始感到有些害怕，赶紧戴上手套站了起来，一个劲儿地跺脚直到脚又有了刺痛感。的确是冷啊，他想。有一个从硫磺湾回来的人曾提到过在野外有时会冷到什么程度。那个人说得没错！而他那时候却在嘲笑那人，这说明他没能正确对待这个问题。明摆着的，这地方冷极了！他把脚高高地抬起来，跺下去；同时不停地拍打着手，直到确认它们又暖和起来了为止。然后他拿出火柴着手生一堆火。他在灌木丛中找到了木柴，那是在过去的春天发大水时生长起来的。经过一段时间小心细致的努力，他生起了一堆旺火。他在火旁烤化了脸上的冰块，在火焰的温暖下吃掉了饼干。那狗满意地躺在火旁，它在合适的距离上舒展开身体，这样既十分暖和又不会被烧到。

吃过午饭，他惬意地抽起烟斗来。然后他戴好了手套，拉下两侧的帽檐牢牢地护住耳朵，沿着冰河的支流继续前进。那狗恋恋不舍地朝着火堆嚎叫着，可那人却不知道冷。可能，他祖上十八代的先人都对寒冷一无所知，都对真正的，冰点以下一百零七度的寒冷一无所知。那狗却知道；它所有的祖先都知道；它从它们那儿知道这一点。它还知道在这样冷得可怕的天气里到处走是很坏的。现在应当蜷缩在雪下的一个洞里等着大片大片的云层覆盖这阴冷的天空。不过，那狗和人之间没有什么亲密的感情，一个是帮另一个干活儿的奴隶，狗所能得到的爱抚是皮鞭和粗声粗气的嗓门里发出的关于呼啸的皮鞭的威胁。所以那狗并不会想方设法将自己的忧虑告诉那人。它才不关心那人的死活呢。它是为了它自己的缘故才对着火堆嚎叫的。但那人却冲着它吹口哨，并用呼啸的皮鞭的嗓门儿冲它大喊大叫，它只好转过身来跟着那人走开。

那人嚼了一口烟叶，又开始给自己打造一副新的琥珀胡子。他呼出的湿气很快就在他的胡子、眉毛和睫毛上打了一层霜。在这哈德逊湾的支流上似乎没有那么多暗沟，在半小时里他还没有发现有一处存在的迹象。可倒霉的事却发生了：在一个地方，没有任何特别，柔软而紧密的雪地看上去牢靠而实在。就在这样一个地方他踏穿了，陷了下去。水洼不算深，冰水淹没了他膝盖以下的半条小腿，他赶紧挣扎着走到坚实的地方。

他很恼火，一个劲儿咒骂这倒霉的运气。他原计划六点钟到达营地与同伴们会合，而现在他得因为生火烤干鞋袜而耽误一个钟头。在低温的环境里这是极其紧迫的，他对此很清楚，于是转身爬到土坡上。在坡顶的灌木丛中、低矮树木的枝干上，纠缠接着的枝条就是春天的遗留物——干燥的木柴；而更重要的是有大片的碎木片和干燥的去年的草类。他将许多大片的木片铺在雪地上，这样可以防止烧旺了的火烤化的雪水将火浸灭。然后他从口袋里掏出一小片白桦皮，用火柴在上面一擦，打着了火。这东西比纸还易燃，他立即将这片白桦皮放在铺好的木片上，再抓着小把小把的干草和最小最细的树枝往这一团小火里送。

他强烈地意识到自己处境危险，干这些事时显得十分缓慢而小心。渐渐地火大了起来，他也增大了木柴的块头。他蹲在雪里，从灌木丛纠缠不清的枝杈里不断地扯下些枝丫径直送进火里。绝对不能出一个错！他知道，当一个人弄湿了脚待在零下七十五度的天气里时，他要生的第一堆火是绝不能失败的。如果他的脚是干的，火没人生起来的话，他可以沿着雪路跑上半里来促进血液的循环。但一双冻僵的湿脚上的血液在零下七十五度的气温里是没法通过跑步来恢复流动的；不论他跑得多快，脚都只会冻得越来越死。

这一切他都明白。秋天，那个硫磺湾的归来者曾经警告过他，现在他认真地思考那些警告了，而此时双脚已经毫无知觉了。为了生火，他不得不又脱下连指手套，手指又很快地麻木了。他每小时四里的进度支持着他搏动的心脏将血液送到他身体的表面和每一只指尖，但自从他停下来的那一刻起，那种搏动便减缓了下来。寒潮侵袭着这个星球的这个荒僻的角落，而他，正在这个荒僻的角落里承受着寒潮全部的冲击。他的血液早已退缩了，血是活的，就像狗，也想藏起来，把自己埋起来好避开这可怕的寒冷。当他以每小时四里的速度行进时，他强迫着，挤压着他的血液流到身体的边缘去；但现在，血液退却了，进入了他身体的深处。他已开始感觉不到自己指头的存在了。他的湿脚越来越僵，手指也越来越麻木，尽管它们还没有完全僵死；鼻子和脸已经僵了，他身上的每一寸皮肤都冷得好像没了血液。

火就是胜利，他被救了！他想起了从硫磺湾回来的人的警告，他笑了。那个人咬定没人能在寒冷的克朗代克单独旅行，但现在他做到了！他旅行了并且活了下来。“嘿，看来那些老手们还是太弱了，和女人一样！至少他们中有的人是”他想着。一个男人该做的就是有脸面，而他就是赢家！男人就要独自行动！不过他没想到自己的鼻子和脸会这么快冻僵；他没想到自己的手指这么一会儿就僵死了。指头一点都不听使唤，他想合拢它们去抓起一根树枝都不行，好像它们已经不在身上了，已经离开他了一样。当他想抓起一根小枝的时候，就得确认一下自己到底抓没抓住。那根树枝在他面前直直地从他指间落了下去。

不管那么多了！火焰烧得噼啪响着，用它的每一个火苗跳着舞。他开始解开他的鹿皮靴。鹿皮靴已经让冰裹住了；厚厚的德国产长筒袜硬得像铁皮打的刀鞘紧紧缠着他的小腿肚子；鹿皮靴的鞋带像是经过火灾后扭曲成一团的钢条。他用冻僵的手指使劲地拉着，没过一会他知道这是白费力气，于是拔出了砍刀。

还没等他割断鞋带，就发生不好的事了。这是他自己的问题，他犯了一个大错：他不应该在树底下生火，应该在其他开阔地才对，在树下虽然可以很快从树丛中扯下枝条直接送进火里。他生火的地方的那颗树上已经积起了很厚的一层雪。一个星期都没吹风了，树杈上的雪已经很厚了，要掉下来一样。每一次他从树上扯下一根树枝时都感到一丝不安和颤动，一丝他自己察觉不到的不安和一丝的颤动。在树梢处的一根树枝上的雪落下来了，落在下面的树枝上，那些树枝上的积雪也掉落下去，就像滚雪球一样，这一动作直接影响到整棵树的积雪掉落下来。没有任何预兆，像雪崩一样，大片的积雪直接砸在那人和火堆上面。火灭了！给盖住了。原先的火堆变成了一摊碎雪。

他惊呆了，仿佛听见了死神的呼唤。他呆坐在那儿看了一会被雪扑灭的火堆。然后他平静了下来。假如他听了那个硫磺湾回来的人的劝说；如果他有一个伙伴，就不会遇到这样的麻烦——弄湿了脚，他的伙伴会帮他生火。没办法，必须再生一堆火来，而这一次是不管怎样也不能出一点问题。就算成功了，他也大概已经没了几个脚趾。他冻僵的脚现在肯定很恐怖了，而离第二堆火生起来却还有一段时间。

这是他的想法，他根本没细想，在他一个劲儿忙的时候这些念头在他的脑海里闪过。他在另外一个地方重新放火堆，这一次是在开阔的地方，没有捣乱的树会跑来扑灭它。然后，他又找了一些春天过后能找到的一堆干草和树枝。他不能用手指捏着把它们扯下来，但可以一次一把地握住。这样他只弄到一些没用的枝丫和一点儿苔藓，远远不够用，但他也只能做到这样了。他慢慢地干着，甚至还找了一抱粗大的树枝用来火烧旺之后使用。整个过程中那狗在一旁蹲着注视着他，眼中充满了急切的渴望。在那畜生眼里他是一个可以提供火的人，一堆火正慢慢地被创造出来。

万事俱备，他把手伸进口袋里去摸另一片白桦皮。他知道它在那儿，虽然他没法用手指感觉到它，却能听见手指和它摩擦时发出的那种清脆的沙沙声。可是他尽了自己最大的努力，也抓不住那片白桦皮。他知道在这整段时间里的每时每刻他的脚都在挨冻。这一意识让他觉得恐慌，不过他仍努力克服着并保持冷静。他用牙咬着拉上了连指手套，用力前后甩着手臂，用手狠狠地砸自己的胸口；他原先是坐着的，又赶紧站起来不停地砸着。整个过程那狗就在雪地里蹲着，狼一样的大尾巴暖和地盘着，盖住了前爪；狼一样的尖耳朵一动不动地向前探着，仿佛盯着那人一般。而那人，在他敲拳头、甩胳膊时，却对那畜生有着天生的用以抵御寒冷和保全性命的毛皮感到了一种剧烈的羡慕。

这样过了一段时间，他活动的指头开始有了细微的感觉，那微弱的疼痛逐渐明显起来，直到成为一种明显的刺痛。他觉得这样足够了。于是从右手上摘下了连指手套去摸那片白桦皮。指头很快又麻木了。然后他拿出一把火柴。但寒冷让他的指头变得冰冷，他想从那一把火柴里抽出一支，火柴却全都掉到了雪地上。他试着把它们从雪地里抠出来，但做不到，僵硬的手指抓不住也摸不到。借此他想到了自己冻僵的脚、鼻子和脸颊，全都感觉不到了。他小心着，满心想要抓起那些火柴。他看着自己的手指，想用视觉来弥补麻木的触觉。他看着自己的指头罩住了它们，然后合拢，又可以说想要合拢，但他手上的线路已经断了，手指不听大脑的使唤了。他给右手又戴上了手套，在膝盖上重重地拍着。最后，他不敢再摘掉手套，合起双手将那些火柴连同一把碎雪一起捧了起来放到了衣兜上。他只能做到这样了。

经过努力，他把那些火柴挑了出来，夹在了两个手掌之间。他用这样的姿势把火柴捧到了嘴边。他费力地把嘴张开，嘴上的冰甲发出了断裂的声音。他用下唇包起下牙，上唇翘了起来，伸出上颌想要用门牙在那一把火柴里挖出一根来。他做到了，他从那把火柴里挖出了一根，落在了他的衣兜上。他只能做到这样。他无法将那根火柴拿起来，不过他想了一个办法。他拿牙齿咬着，然后将火柴在大腿上摩擦。摩擦了二十次后终于点燃了。他就这样叼着那根烧着的火柴去点那块白桦皮。可火焰的边却冲进了他的鼻孔并钻到了他的肺里，呛得他立马咳嗽起来。那根火柴栽进了雪地里，最后熄灭了。

那个从硫磺湾回来的人没有错！他在接下来的绝望中想到：在零下五十度的天气里应该和别人一起。他敲打着双手，但再也没有一点儿感觉了。突然，他用牙扯掉手套，露出自己的双手。然后用两只手夹起所有的火柴——他手臂上的肌肉还没有冻僵，这使得他还可以用两只手紧紧地夹着，他就这样将那一把火柴在自己腿上摩擦。火柴头闪出了火花，七十支硫磺头一下子全都点着了！没有风来吹灭它们。他把头偏到一边好避开令人喘不过气的烟雾，然后将那一把火柴夹到那片白桦皮上。他夹着的时候，感觉手上又有了一点知觉。他的手心烧着了，他闻到了焦味，也能隐隐约约感觉到。那种感觉渐渐清楚起来，变成了灼痛。他忍着痛，笨拙地夹着还在燃烧的火柴将火苗凑到那片白桦皮上去，但白桦皮很难被点燃——他的手在碍事，挡住了大部分的火苗。

剧烈的疼痛让他受不了了，他的手猛地抽搐了一下，火柴掉到了雪里，嗞嗞响着，但白桦皮终于被点燃了。他开始把干草和细小的树枝往火里送。他没办法选择，因为他只能用手掌去夹起那些燃料。有小小的朽木或者绿色的苔藓混在那些树枝里，他尽量用牙将它们咬出来。他小心但笨拙地保护着这一团小火——火就是生命，一定不能熄灭！伤口的失血现在让他打起了哆嗦，也让他更加笨拙了。有一片苔藓直接砸在了那一堆小火上。他打算用手指把那片苔藓拨开，可颤抖的手却拨得太过了，连带着那一堆小火也给拨散了，燃烧的干草和树枝散开了。于是他赶紧试图将它们重新聚在一起，虽然他付出了努力，但颤抖的身体却出卖了他，那些树枝还在四散着，然后冒出了一缕缕青烟，最后熄灭了。烧火的人失败了。他沉默地看了看周围，看到了因为他造成的火堆的灰烬中间，那条狗在雪地里烦躁地蠕动着，前肢不停地轻轻蹬着，身子急切地前后耸动着。

和狗的对视让他产生了一个残忍的念头。他想起有一个人，被困在了暴风雪里，结果那人把一头牛杀死了然后钻进了剖开的尸体里去，靠着这样救了自己一命。他要杀死那条狗，手插到它温暖的尸体里去直到手有感觉为止。这样，他才能再生起一堆火。他叫了那狗，叫它到他跟前。但他的声音里包含的恐怖情绪吓到了那只狗——它以前从来没听见过什么人用这样的声音来叫它。有什么不正常的地方？那狗多疑的天性嗅到了危险，什么样的危险它不清楚，但那危险就在某处，以不知道哪种方式注视着自己，它对那人产生了警觉。它垂下了耳朵，不去听那人的声音，它烦躁地蠕动、耸动和蹬脚的动作更加剧烈了一些，但它并不打算到那人那儿去。那人跪下，双手双膝并用向那狗爬去。这个不寻常的动作更加可疑，狗侧身跑开了。

他坐在雪地里，努力让自己冷静下来。然后他用牙齿戴上连指手套，试着双脚站立起来。没有知觉的双脚让他感受不到大地，他向下注视着自己的动作，慢慢站了起来。他直立的姿势开始打消了那狗的疑惑。他用惯常的语气，也就是尖锐的嗓门冲那狗喊着。狗表现出了那种平常的顺从向他走去。当那畜生刚刚进入他够得着的距离，他立刻暴跳起来，张开双臂向那狗扑了出去。那一刹那间他忘了自己的双手已经冻僵了，而且一直在冻着。一切发生得太迅速，以至于那狗还来不及跳开那人就死死地箍住了它。他着实大吃一惊，他的手全无知觉，手指一点也无法弯曲，根本不能抓住什么东西。那人跌坐在雪地上，以这样的姿势紧紧地搂着那条狗。那狗吼叫、呜咽着、疯狂地挣扎着。

但他只能做到这样，这样搂着那狗坐在那儿。他知道自己没法儿弄死它，一点办法也没有。那双毫无知觉的手既不能拔出砍刀也握不住，更不可能掐死那畜生。他松了手，那狗猛然蹿了出去。咆哮着，夹着尾巴跑到离他约四英尺的地方停下来。它尖尖的耳朵向前探着，疑惑地打量着那人。那人低头看了看自己的双手好确定它们的位置。两手无力地挂在臂膀的末端。一个人得靠眼睛来弄确认自己的手在哪儿，这让他感到了很惊奇。他又开始使劲地前后甩着双手，将手在肋骨上狠狠地敲着。这样过了五分钟，他的心脏的搏动剧烈起来，将血液压到了他身体的表面，这让他暂时停止了颤抖。但双手仍然毫无知觉，仍然像有东西一样挂在他臂膀的末端。这情形使他产生了一个深刻的印象。他力图驱散这个印象，却做不到。

他感受到了死亡，一种非常明显的威胁。这威胁越来越清晰起来，他意识到了这不再仅仅是冻掉几个手指或脚趾的事情，也不仅仅是失去手或者脚的事情，而是关乎生命的大事。这让他陷入了恐惧，他起身跑起来，跑上河床，沿着那古老而幽暗的主道跑起来。狗也跑在后面紧跟着他。他盲目地、漫无目的地跑着，怀着因为对自己生命的前景的未知而升起的恐惧跑着。他跑着，在雪地上摔倒，渐渐地，他略微冷静了一些。他看了看河岸、灌木丛、枝丫光秃的颤杨树和天空。奔跑让他感到好些了，颤抖停止了。也许，如果他继续跑下去，他的脚就能复苏；甚至，只要能办到，如果他可以跑得足够远，就能到达营地去同伴们中间。手指、脚趾和鼻子肯定是保不住了，但只要能赶到那儿，他的同伴就能照料他，救他的命。同时，他的头脑里又闪过的另一个念头却对他说：他到不了营地；回不了同伴中间，他们之间隔着太多的英里，寒冷对他的影响太沉重了，他很快就会冻僵、死掉。这个念头时时跳到他面前冲他呢喃着、念叨着，而他却力图驱散它，尽可能去想别的事。

他的脚冻得如此严重，当他奔跑时，把脚踏进雪地里，把全身的重量都压上去，可依然一点儿感觉也没有。这情形甚至让他有些好奇。他觉得自己仿佛是在地面滑动着的，同大地没有一点儿接触。他曾在什么地方见过长着翅膀的神使墨丘利的雕像，他怀疑墨丘利在半空中滑翔的时候是不是也有与自己同样的感受。

他想一直跑到营地的计划忽略了一个问题，那就是他没有那样的持久力。

他摔倒了好多次，最后他没办法再坚持了，一下子栽倒了。他想爬起来，可是失败了。必须坐着休息一会儿，他想，而且爬起来之后也只能走着前进了。当他坐在那儿喘气时，他觉得很暖和很舒服，不再颤抖，而且身体和胸膛在慢慢升温。他又摸了摸鼻子和脸，仍然一点感觉也没有。奔跑无法让它们复苏，同样也不能让他的手和脚恢复知觉。这时，他头脑里闪过这样一个想法：他身体被冻僵的部分正在扩张！他不去想它，试着忘掉它，努力去想别的事情，可他还是困在了这种恐惧的情绪中，他害怕这样的感觉。这想法在他脑海里越发清晰地、一刻不停地反复召唤着，他似乎看见了自己那已经被完全冻僵了的尸体！太可怕了！他赶忙又开始在河道上疯跑起来，每当一慢下来快要变成走动时，这个想法就又逼迫他跑起来。

狗也一直紧跟在他的后面跑。当他第二次摔倒的时候，它就蹲在他的前面，卷曲着尾巴盖在前爪上，面对着他，好奇地打量着他。那畜生的温暖和安全让他生气，他便大骂那个畜生，直到它耷拉下耳朵。这时，他抖得更厉害了。在与寒潮的对抗中，他失败了。寒冷正在全面入侵他的身体。这种想法还能够促使他站起来，可是跑不过一百步，就又摔倒了。这是他最后一次惊慌了。他调整了一下呼吸，慢慢平静下来。他意识到自己就要死了，但死亡这个概念并不是这样单纯地出现在他的脑海中，而是构成了一副可笑的画面，他想象着自己就像是一只砍掉头的鸡，没命地奔跑。好吧，就这样了，他决定像个男人那样接受一切。睡着死去，也不错，就像是吃了麻醉药一样，冻死并不像人们想象的那么糟糕，世界上还有很多比这更糟糕的死亡方式。

他想象着第二天朋友们找到他尸体时的情形。突然他发现自己也跟朋友们在一起，顺着河道寻找自己的尸体。然后和他们一起在雪下找到了他的尸体。他不再属于自己了，从那时起，他就离开了自己，站在朋友们中间，看着雪中自己的尸体。确实冷啊，他想。当他回到城里的时候，就可以跟朋友们讲什么是真正的寒冷。他又想到了那个老人。他能清晰地看到老人的模样，暖和、舒服地抽着一支雪茄。

“你说得对，老兄，你说得对。”他喃喃地对老人说。

他闭上眼睛，进入了生平最舒适的梦乡。狗就坐在他对面，等着他起来。短暂的白天就要被漫长的黑夜取代了，却没有一点火的影子，它从来没见过一个人那样在雪地上坐着却不生火。天色越来越暗，对火强烈的渴望驱使着它。它扑腾着前爪小声地呜咽着，耷拉着耳朵不想听他的呵斥。但他还是一动不动，最后，狗靠近了他，闻到了死亡的气息。它扭过头，向着黑夜中寒冷的星空发出了一声悠长而又深沉的嚎叫。然后，它掉过头，朝着它所知道的营地的方向跑去，因为它知道那里有食物和火的提供者。

《生火》
英文赏析

19 黑 猫

◎埃德加·爱伦·坡

我要讲的这个故事既荒诞又平凡，各位不一定相信，就连我都不相信这些亲身经历的事，若是指望大家相信，岂不是发疯？但是我并没有发疯，而且的确没有做梦。不过明天我就将被处死，我要趁今天把这事说出来好安慰我的灵魂。我十分想将这家庭纠纷如实、简明、不添油加醋地讲给大家听。由于这桩事，我受尽折磨和恐惧，终于葬送了小命。这里我不想详细解释。这事对我来说，只有恐怖，可对大家来说，就只当消遣，没什么可怕。也许，后来的明智之人会把这种无稽之谈看作平凡小事。他们头脑比我更加冷静，更加条理分明，不像我这样遇事惊慌。我这样小心谨慎，仔细叙述的事情，在他们看来一定是一串因果必然的普通事。

我从小就以心地善良和温顺出名。我心肠软得很，这竟成为身边小朋友的笑柄。我特别喜欢动物，父母也很纵容，送给了我各种各样玩赏的小动物。我大部分时间都花在这些小动物上了，每当我喂食和抚弄它们的时候，就感到无比高兴。等我长大了，这个嗜好也随之而发展，一直到我成人，这点还是我的主要乐趣。有人真爱忠实伶俐的狗，对于他们来说，根本用不着多说其中的无穷乐趣。你若经常尝到人类那种寡情薄义的滋味，那么对于动物那种自我牺牲的无私之爱，准会感到刻骨铭心。

我很早就结了婚，幸喜妻子跟我感情很合得来，她看到我偏爱饲养家禽，只要有机会物色到中意的玩物总不放过。我们养了小鸟、金鱼、良种狗、小兔子，一只小猴子和一只猫。

这只猫个头特别大，非常好看，周身长着乌黑的毛，伶俐非常。我夫人生来就很迷信，她一说到这猫的灵性，往往就要扯上古老传说，认为凡是黑猫都是巫婆变化的。我倒不是说我妻子对这点极为认真，我这里提到这事只是顺便想到而已。

这猫名叫普鲁多，它是我心爱的宠物和玩伴。我亲自喂养，我在屋里走到哪儿，它都跟到哪儿。连我上街去，它都要跟，我想尽办法也赶不掉。

我和猫的友谊就这样维持了好几年。在这几年工夫中，说来让人难堪，我开始嗜酒如命，脾气习性都彻底变坏了。我一天比一天喜怒无常，动不动就使性子，不顾人家受得了受不了。最后我竟任性辱骂了妻子。还对她拳打脚踢。我喂养的那些小动物当然也感到我脾气变坏了。我不仅不照顾它们，反而虐待它们。那些兔子，那只小猴，甚至那只狗，出于友好，或是碰巧跑到我跟前来，我总是拼命地虐待它们。只有对待普鲁多，我还有所怜惜，未忍下手。不料我的脾气越来越坏——世上还有比酗酒更严重的习惯吗？这时普鲁多老了，脾气也倔，于是我索性把普路托当作出气筒。

有一天晚上，我去城里一个常去的酒吧，喝了个烂醉，我以为这猫在躲着我，就一把抓住它，它看见我恶狠狠的样子就吓坏了，在我手上咬了一口，留下了伤口。我马上变得怒不可遏，不能自控。原来我那个善良的灵魂消失得无影无踪，我酒性大发，变得凶狠异常，不知哪来的一股狠劲。我从背心口袋里掏出一把折刀，打开刀子，掐住那可怜动物的喉咙，恶狠狠地把它眼珠剜了出来！写到这该死的暴行，我不禁面红耳赤，浑身发热颤抖。

第二天早上，宿醉方醒，神智恢复过来了，对自己犯的这个罪孽我既恐惧又悔恨。但这感觉不过是淡薄和模糊的。我的心灵深处毫无触动。我又疯狂地喝起酒来，一旦沉溺其中，就将所有的事情抛到九霄云外。

这时那猫慢慢恢复健康，眼珠被剜掉的那只眼窠果真十分可怕，看来它已感觉不到痛了。它照常在屋里走动，只是一见我走近，就必定吓得拼命逃走。我毕竟心存良知，最初看见曾如此热爱我的动物竟这样嫌恶我，不免感到伤心。

但是这种伤心之感立刻就变为恼怒了。到后来，那种邪念又上升了，终于我再也忍不住了。关于这种邪念，哲学上并无关注。不过我深信不疑，这种邪念是人心本能的一股冲动，是一种难以察觉的原动力，或者说是情绪，人类性格就由它来决定。谁没有在无意中多次干下坏事或蠢事呢？而且这样干是莫名其妙的，心里明知干不得而偏要干。哪怕我们明知这样干犯法，我们不是还会无视自己看到的后果，有股拼命想去以身试法的邪念吗？唉，就是这股邪念终于断送了我的一生。正是出于内心这股深奥难测的渴望，想要自找烦恼，违背本性，以作恶为目的，我竟然对那只无辜的生命继续下起毒手来，最后害了它的命。一天早晨，我冷血地用套索勒住猫脖子，把它吊在树枝上，那时我泪流不止，心里悔恨着，把猫吊死了。我之所以下此狠手，就因为我知道这猫爱过我，觉得这猫尊敬我，就因为我明知这样干就是在犯罪——犯下了该下地狱的极大罪恶，足以害得我那灵魂永世不得超生。如若有此可能，就是大慈大悲的，让人敬畏的上帝都无法赦免我的罪行。

就在我犯下如此罪恶勾当的当天晚上，在睡梦中我忽听得有人喊叫："失火了！"我马上惊醒，只见床帐子已经着了火。整栋房屋都是火。我们夫妇和一个佣人好不容易逃出火场。这火烧得彻底，我的财物统统化为乌有，从此以后，我陷入绝望。

不过，我倒也不至于胆怯，我会在自己所犯罪孽和这场火灾之间找因果关系。不过我要把事实的来龙去脉详细说一说，但愿没有将任何环节忽略。失火的第二天，我又回到了这堆废墟。除了一堵墙外，其他的墙都倒了。这是一堵墙壁，不是很厚，是在屋子中间，我的床头就靠近这堵墙。墙上的灰泥被烧得漆黑，我把这件事看成是新近粉刷的缘故。墙根前聚集了一堆人，看来有不少人非常仔细并专心地在查看这堵墙，只听得大家连声喊着"真神奇！"还有类似的感叹。我不由感到好奇，就走近一看，但见白壁上赫然出现了一只猫的形象，像被雕刻出来的浮雕。这猫的形状逼真，令人赞叹，它的脖子上还有一根绞索。

看到这个幽灵，我简直以为是见鬼了，不由惊恐万状。但是转念一想却安心了。我想起，这猫明明吊死在屋旁花园里。火警一起，花园里就挤满了人，准是哪一个人将猫从树上放下来，从开着的窗口扔进了我的卧室。他这样做可能是打算唤醒我。另外几堵墙倒下来，正巧把受我虐待而死的猫压在新刷的泥灰壁上，墙壁的石灰加上烈火和尸骸燃烧释放的废气，三者起作用，才会出现我刚看到的那酷似浮雕的猫。

对于刚刚细细道来的这一令人惊心动魄的事实，即使良心上不好过，于理说来也没有什么特别，不过在我心中，总留下一个抹不去的印象。几个月来我摆脱不了那猫的纠缠。这时节，我心里有一股说是悔恨又不是悔恨的情结。我甚至后悔害死了这猫，因此在下等人经常出入的场所中，我到处寻找一只外貌类似的黑猫来替代那死去的黑猫。

有一天晚上，我坐在一个肮脏的酒吧里，醉醺醺的。忽然间我注意到一只盛放金酒或朗姆酒的大酒桶，这是屋里主要家当，桶上有个黑黢黢的物体。我一直目不转睛地盯着大酒桶好一会儿，奇怪的是竟然没有马上发现上面那东西。我走近它，用手摸摸。原来是只黑猫，它个头很大，同普鲁多完全一样，只是有一处不同。普鲁多全身没有一根白毛，而这只猫的胸前有一片白毛，有些模糊不清。我刚摸着它，它就立即跳了起来，咕噜咕噜直叫，身子在我手上一味蹭着，表示有了我抚摸它很高兴。它正是我要找的。我当场向老板请求要求买下，谁知老板根本都不晓得这猫的来历，而且也从没见到过，这猫就不是他的。

我继续抚摸着这猫，准备动身回家了，可这猫却流露出要跟我走的样子，于是它就跟着我，一面走我还弯下身子去摸摸它。一到我家这猫马上表现得很乖，一下子就得到了我妻子的喜欢。

我不久就对这猫厌恶起来了。这出乎我的意料，我也不知道这是怎么回事，也不知道是什么道理。它明显对我很喜爱，这使我反而又讨厌又生气。渐渐地，这些情绪竟演变成深恶痛绝。我尽量避开这猫，正因心里感到羞愧，再加回想起早先我所做的残暴行为，我才不敢动手欺凌它。我有好几个星期没有去打它，也没虐待它。但是时间久了，我就对这猫有了说不出的厌恶，只要一见到它，我就像躲避瘟疫一样，悄悄地溜掉了。

更令人讨厌的就是我把它带回家的第二天早晨，我发现它竟同普鲁多一样，眼珠也被剜掉了一个。可是，我妻子见此情形，反而更喜欢它了。我在上面说过，我妻子是个富有同情心的人。我原先身上也具有这种美德，它也使我感到无比的快乐。

尽管我对这猫很厌恶，它对我反而越来越亲近。它同我寸步不离，这种偏爱读者确实难以理解。只要我一坐下，它就会蹲在我椅子边，或是跳到我膝上，在我身上撒娇，这实在讨厌。我一站起来走路，它就缠在我脚边，差点把我绊倒；再不然它就用又长又尖的爪子钩住我衣服，顺势爬上我胸口。我恨不得一拳把它打死，可是这时候，我还是不敢动手，一则是因为我想起自己早先犯下的罪行，另外主要的原因还在于……索性让我说明吧——我对这动物害怕极了。

这层害怕倒不是生怕皮肉受苦，可是要想说个清楚倒也为难。我简直羞于承认——唉，即使如今身在死牢，我也简直羞于承认，这猫引起的我的恐惧竟由于可以想象到的纯粹幻觉而更加厉害了。我妻子不止一次要我留神看这片白毛的斑记。想必各位还记得，我上面提过，这只怪猫跟我杀掉的那只猫，唯一明显不同的地方就是这片斑记。想必各位还记得，我说过这印记大虽大，原来倒是很模糊的，可是逐渐逐渐地，不知不觉中竟明显了，终于现出一个一清二楚的轮廓来了。好久以来我的理智一直不肯承认，竭力把这当成幻觉，这时那斑记竟成了一样东西，我一提起这东西的名称就不由浑身发冷。正因如此，我对这怪物特别厌恶和惧怕，要是我有胆量的话，早把它干掉了。我说呀，原来这东西是个吓人的景象，是个恐怖的幻象——一个绞刑台！哎呀，这是多么可悲，多么可怕的刑具啊！这是恐怖的刑具，正法的刑具！这是叫人受罪的刑具，送人性命的刑具！

这时我落到了要多倒霉有多倒霉的地步了。我行若无事地杀害了一只没有理性的动物。它的同类，一只没有理性的动物竟对我——一个按照上帝形象创造出来的人，带来那么多不堪忍受的灾祸！哎呀！无论白天，还是黑夜，我再也不得安宁了！在白天里，这动物片刻都不让我一个人安宁；到了黑夜，我时时刻刻都从说不出有多可怕的噩梦中惊醒，一睁眼总见这猫在我脸上喷着热气，我心头永远压着这千钧棒，丝毫也摆脱不了这个东西的梦魇！

我身受这般痛苦的煎熬，心里仅剩的一点善性也消失了。邪念竟成了我唯一的内心活动，转来转去都是极为卑鄙龌龊的邪恶念头。我脾气向来就喜怒无常，如今发展到痛恨一切事，痛恨一切人了。我盲目放任自己，往往动不动就突然发火，管也管不住。天哪！我的妻子就经常遭殃，她向来就逆来顺受毫无怨言。

由于家里穷，我们就住在一栋老房子里。有一天，为了点家务事，她陪着我到这栋老房子的地窖里去。这猫也跟着我走下那陡峭的梯阶，差点儿害得我摔了个倒栽葱，这气得我发疯。我抡起斧头，盛怒中忘了自己对这猫还有些许恐惧，对准这猫一斧砍下去，要是当时真砍下去，不用说，这猫当场就完蛋了。谁知，我妻子伸出手来一把攥住我。我正在火头上，让她这一拦，格外暴跳如雷，趁势挣脱她的胳膊，对准她脑壳就砍了一斧。可怜她哼也没哼一声就当场毙了命。

干完了这件丧尽天良的杀人勾当后，我就索性细细盘算藏匿尸首的事了。我知道无论白天，还是黑夜，要把尸首搬出去，难免要给街坊们撞见，我心里想了不少方案。一会儿我想把尸首剁成小块烧掉，来个毁尸灭迹。一会儿想将尸首扔到院子中的井里去。还打算把尸首当作货物装箱，按照常规，雇个脚夫把它搬出去。最后，我忽然想出一条我觉得是万全的办法。我打定主意把尸首砌进地窖的墙里，据传说，中世纪的僧侣就是这样把殉道者砌进墙里的。

这个地窖派这个用处真是再合适也没有了。墙壁结构很松，新近刚用粗灰泥全部刷新过，因为地窖里潮湿，灰泥至今还没有干燥。而且有堵墙因为有个假壁炉而突出一块，已经填没了，做得跟地窖别的部分一模一样。我可以不费什么力气把这地方的墙砖挖开，将尸首塞进去，再照原样把墙完全砌上，这样包管什么人都看不出破绽来。这个主意果然不错。我用了一根铁锹，一下子就撬掉砖墙，再仔仔细细把尸首贴着里边的夹墙放好，让它立着不倒下来，然后没费半点事就把墙照原样砌上。我弄来了石灰、黄沙和乱发，做好一切准备，我就配调了一种跟旧灰泥一样的新灰泥,小心翼翼地把它涂抹在新砌的砖墙上。等我做完了，看到一切顺当才放了心。这堵墙居然一点都看不出动过土的痕迹来。地上落下的垃圾也仔仔细细地收拾干净了。我得意洋洋地朝四下看看，不由暗自说：“这下子到底没有白忙啊!”

接下来我就要寻找为我招来那么些灾害的祸根；我终于横下一条心来，不料我刚才大发雷霆的时候，那个鬼精灵见势不妙就溜了，眼下在我的盛怒之下，自然不敢露面。这只讨厌的畜生终于不见了。我心头压着的这块大石头也终于落下了，这股深深的喜悦实在无法形容，也无法想象。到了夜里，这猫还没露脸，这样，自从这猫上我家以来，我至少终于太太平平地酣睡了一夜。哎呀，尽管我心灵上压着杀人害命的重担，我还是睡着了。

过了第二天，又过了第三天，这只折磨人的猫还没来。我才重新像个没事人那样呼吸。这只鬼猫吓得从屋里逃走了，一去不回了！眼不见为净，这份乐趣就甭提有多大了！尽管我犯下滔天大罪，但心里竟没有什么不安。警察来调查过几次，我三言两语就把他们搪塞过去了。甚至还来搜查过一次家里，可当然查不出半点线索来。我就此认为未来安然无忧了。

等到了我杀死妻子的第四天，屋里突然闯进了一帮警察，又开始严密的搜查。不过，我知道藏尸地方隐蔽，他们绝对找不到，所以也不感到慌张。那些警察命我陪同他们搜查。他们搜查了每一个角落。最后，搜到第三遍或第四遍，他们终于走下地窖。我泰然自若，毫不动容，就如同我无辜清白一样，我一颗心如此平静。我在地窖里从这头走到那头，双手抱在胸前，若无其事地走来走去。警察完全消除了怀疑，正准备要走。我心中暗喜。为了表示得意，我恨不得开口说上几句话，哪怕说一句也好，这样就更能够让他们放心，相信我是无辜的。

这些人刚走上梯阶，我就开了口了：“诸位先生，很高心能够消除你们的怀疑，我感激不尽。祝你们身体健康，再次向你们表示我的敬意。顺便说一句，先生们，这屋子结构很牢固。”我一时冲昏了头脑，随心信口胡说，简直连我自己都不知道说了些什么。“这栋屋子可以说结构很好，这几堵墙……诸位先生，要走了吗？……这几堵墙砌得很牢固。”说到这里，我一时昏了头，故作姿态，竟然拿起手里一根棒，使劲儿敲着竖放我爱妻遗骸的那堵砖墙。

求主保佑，将我从恶魔虎口中拯救出来吧！这敲墙的回响未停，就听得那墓冢里发出一声回应！——这声音像哭声，起初瓮声瓮气，断断续续，像个小孩在抽泣，随即一下子变成连续不断的高声长啸，声音异常，非常人之声——这是哀号——是悲鸣，一半似恐怖，一半似得意，只有堕入地狱的受罪冤魂发出的痛苦惨叫同魔鬼见了冤魂遭受天罚的欢呼混合而成，才能算是这声音。

要说我当时的想法是愚蠢的。我昏头昏脑，踉踉跄跄地走到那堵墙边。梯阶上那些警察大惊失色，吓得要命，一时惊呆了。过了一会儿，就见几个人抡起胳膊忙着拆那墙。那堵墙倒下来时，只见我妻子那具尸体已经腐烂不堪，凝满血块，赫然直立在大家眼前。尸体的头部上就坐着那只可怕的猫，张开血盆大口，仅有的那只眼睛里冒着火，它施展了诡计，诱使我杀了妻子，如今又用叫声报了警，把我送上了断头台。原来我把这黑猫怪物砌进了墓墙！

《黑猫》
英文赏析

20 黄 昏

◎萨基

诺尔曼·盖茨比坐在海德公园的长椅上，身后是长着满是灌木的狭长草坪，被公园的栅栏围绕着。宽阔的马路对面就是高档服装定制街——塞维利亚街，右边是著名的海德公园角，这里车水马龙，鸣笛声震耳欲聋。早春三月的一个傍晚，大约六点半的光景，暮色苍茫，笼罩着周遭的一切，在朦胧月光和稀疏街灯的映衬下，夜色显得不是很浓。马路和人行道上空寂无人，然而，在微弱的灯光下，人影绰绰，或悄无声息地游离着，或默默无闻地坐在公园的椅凳上，他们的身影融入这暮色之中，彼此难分。

此情让盖茨比感到十分惬意，此景正合他的心境。黄昏，在他看来，是失意者的美好时光。那些为生活而奔波、梦想被现实所击碎的男男女女就出没在黄昏里。他们隐藏起自己生活的落魄和希望的破灭，尽可能躲避着人们怪异的目光。只有在黄昏，他们那褴褛的衣衫、佝偻的身形、哀伤的眼神才不会引起人们的注意，或者说不被人所辨识。正是：

溃败君王遭白眼，痛心疾首泪满面。

流浪者不喜欢人们奇异的目光，他们像昼伏夜出的蝙蝠，常常出没于黄昏之中，在公园里寻找着痛苦的快乐，而真正享受快乐的人群早已散去。灌木丛和栅栏那边，灯火依旧那么辉煌，车流湍急，人声喧嚣。黄昏中，万家灯火，高楼层叠的窗户里透射出耀眼的光亮，几乎把苍茫暮色驱散，勾勒出了那些命运在握、自强不息、从不言败的人们的身影。此时，公园里空无一人，盖茨比坐在椅子上，浮想联翩。他认为自己就是人生的失败者。他不会为手头拮据而犯愁，要是愿意，他早就徜徉在这灯火辉煌、人声鼎沸的街道上了，说不定也能跻身到这个相互倾轧的阶层而谋得一席之地，并和他们一样，要么拥有财富，要么为之奋斗。但是，他的远大志向早已殆尽。现在，他已经变得心灰意冷、力不从心了。看到在路灯下那片漆黑的阴影里踅来踅去的人们，他审视着他们，并将他们分类，愤世嫉俗，以此为乐。

他的身边坐着一位耄耋老人，老人神情沮丧，但清高孤傲，这是自尊缺失的人无心对抗任何人或无力挑战任何事物时所表现的神态。他的穿着不算寒酸，至少在朦胧的灯光下还说得过去。可是谁也不曾想到，这位老人的经济实力也就只能购买一盒价廉质次的巧克力，或买一株花凋叶枯的康乃馨。毫无疑问，他是生意惨淡管弦乐队的演奏员，倾情演奏，却无人捧场；他是世界众多悲伤者之一，勾起伤感，却无人哭泣。老人站起身准备离去，盖茨比想象着，他要么回到那个受冷落、遭白眼的家庭；要么回到那个冰锅冷灶的出租屋，他是否付得起周房租都令人十分怀疑。老人的身影渐渐远去，很快消失在阴影里。老人刚走，一个年轻人抢占了座位。他衣着考究，但面部神情并不比那位老人的欢愉。好像为了强调“生不逢时”的事实，刚坐下，他就悲天悯人地抱怨起来。

“您看上去心情不太好啊!”盖茨比问道，心想年轻人之所以这样，无非就是想引起他所有的注意。

年轻人扭过头，一脸坦诚、毫无戒备地望着盖茨比，这倒让盖茨比对他心存戒心。

“处在我的困境，你的心情也不会好的。”他说，“我做了一件一辈子后悔莫及的蠢事!”

“噢，什么蠢事？”盖茨比平心静气地问道。

“我是今天下午刚到的，本打算住在伯克郡广场的巴塔哥尼亚酒店，”年轻人解释道，“到了那儿，我才发现那家酒店早在几周前就被拆除了，原地盖了一家电影院。出租车司机给我推荐了一家挺远的酒店，我就下榻在那儿。我给家人写了封信，告诉了酒店的地址，然后就出来买了块肥皂——出门时忘记带肥皂了，我不喜欢用酒店的肥皂。买好后，我溜达了一会儿，在酒吧里喝了点饮料，又逛了逛周围的商店。返回酒店时，我突然想不起酒店的名字，甚至酒店在哪条街上我都记不清。这对一个在伦敦举目无亲的年轻人来说，实在是处境窘迫，滑稽可笑。当然啦，我完全可以给家人再写一封信，索要酒店地址，但他们明天才能收到信啊，况且我身无分文，出来时，口袋里就揣了一先令，全都买了肥皂和饮料。瞧瞧我这熊样，口袋里就剩了两个便士，看来晚上连个睡觉的地方都没有。”

讲完经历，年轻人故作停顿，然后说，“您该不会觉得我在编故事骗人吧？”语气里流露着几分怨气。

“这种事儿完全有可能。”盖茨比善解人意地说。“有次在一外国首府，我就有过相同的经历。当时我们两人，这事情就更神奇得令人不可思议了。还好，我们记得那家酒店位于一条河边上，找到了那条河，也就找到了回酒店的路。”

听了盖茨比对往事的回忆，年轻人精神为之一振。“在异国他乡，我倒不太担忧。”他说，“你可以到领事馆找领事，求他帮个忙。这倒好，在自个家门口，却要露宿街头，你说这叫什么事儿！除非有个好人可怜我的处境，借给我点钱，要不然我就要在河堤上过夜了。让我欣慰的是，您并没有觉得我在撒弥天大谎。”

说最后一句话时，他满腔热情，好像在说：您可不要失君子气度啊。

“那当然了”。盖茨比慢悠悠地说道。“可您的故事有个破绽，您买的肥皂呢？”

这时，只见年轻人身子猛然前倾，慌忙在口袋里摸着，然后蓦地站起身。

“糟了，我肯定把肥皂弄丢了！”他自怨自艾地嘟囔着。

“一个下午既找不到酒店，又丢了肥皂，只能说明您是个马大哈。”盖茨比说。年轻人不等他说完，昂着头，一副不屑的样子，沿着小径迅速离去。

“遗憾的是，”盖茨比思索着。“整个故事中唯一可信的就是外出买肥皂这件事了，可正是这个细节让他的谎言不攻自破。如果他深图远虑，准备好一块包装精致的肥皂，他无疑是这个行当里的高手。所谓高手之高，定要聪慧过人，遇事采取措施，以防万一。”

盖茨比臆断着，欲起身离去。刚站起身，他惊讶地发现，椅子边的地上有个椭圆形的小盒，包装精致，肯定是块肥皂。显而易见，年轻人坐下时，使劲过猛，肥皂从外套口袋里滑了出来。盖茨比立即沿着夜幕笼罩的小径，心急如焚地寻找着那个穿着薄外套年轻人的身影。就在寻找无果、放弃希望的刹那，他一眼就瞧见了要寻找的目标。只见年轻人站在马路边上，心神不定。看得出，他很犹豫，是穿过公园呢，还是走向喧闹的骑士桥路。听到盖茨比喊叫自己时，他突然转过身，带着几分戒备和敌意。

“证实您故事真实性的证据找到了”。盖茨比说着，把拿着肥皂的手伸向年轻人。“肯定是您坐下时，肥皂从您外套口袋滑了出来。您走后，我才看到它落在了地上。您得原谅我刚才对您的不信任，当时的情景确实对您不利。好啦，不说了，既然找到了‘证人’，那我就必须相信证词。这是一磅钱，如果能帮您点什么忙的话……”

年轻人接过钱装入口袋，打消了所有疑虑。

“这是我的名片，上面有我的地址。”盖茨比接着说，“本周内哪天还钱都可以。喏，拿上肥皂，可别再弄丢了，它可是您的好伙计哪。”

“幸而让您捡到了！”年轻人说。旋即声音哽咽，千谢万谢之后，就一溜烟朝骑士桥路奔去。

“这小子真可怜！差点崩溃了。”盖茨比自言自语道。“不足为奇，身处尴尬，如释重负之感可想而知。教训啊教训，以后对任何事情，都不能自作聪明、主观臆断!”

盖茨比原路折了回来，经过椅子，即那幕戏剧发生地时，他看到一位耄耋老人在椅子上下、前后左右搜寻着什么。他认出了这位老人，就是先前坐在他身边的那位老人。

“大爷，您丢什么东西了吗？”盖茨比问道。

“是啊！丢了一块肥皂!”

《黄昏》
英文赏析

21 热爱生命

◎杰克·伦敦

“他们经历过，挣扎过——这一切都会被记住，事迹的大部分会是获得，尽管赌上了性命的黄金没有了踪迹。”

这两人痛苦地走下河岸，因为到处是岩石还摔了跤。他们精疲力尽，脸上露出了因长期忍受困难而产生的无奈的表情。他们肩上扛着沉重的毛毯包。每个人都带着枪，低头向前跋涉，肩膀和头向前倾着，眼睛盯着地面。

走在后面的人说：“我希望我们在隐蔽处有几发子弹。”

他的声音异常平静。前面那人没有搭话，走进了流过岩石的浑浊的溪水里。

后面那人跟在他后面。水很冷，但他们没有脱掉鞋子。因为水太冷了，他们的脚很快就麻木了。在有些地方，水打到了他们的膝盖上，两个人都觉得难以站立。

跟在后面的那个人在一块光滑的岩石上滑了一下，几乎摔倒。他费了好大的劲才站稳，同时发出一声痛苦的尖叫。为了站稳，他向前伸出一只手，在空中挣扎。等他站稳了脚跟，又向前迈步。这时他又滑了一下，差点摔倒。于是，他站在那里一动不动地看着另一个人，可是他一直没有转过头。

那人一动不动地站了整整一分钟，仿佛在想事。然后他喊道：“喂！喂！比尔，我的脚腕子扭伤了。”

比尔在浑浊的水中挣扎着向前走，没有回头。那人看着他走了，虽然他的脸上一如既往地没有表情，但他的眼神却像一只受伤的动物。

比尔爬上了河对岸，头也不回地继续往前走。河里的人看着他，嘴唇有点颤抖。

“比尔！”他喊道。

这是一个坚强的人陷入困境时发出的绝望的呼喊，但是比尔没有转过头来。那人看着他走了，挣扎着往山上爬，朝着岸上走去，只见比尔走了，直到翻过山顶消失了。然后，他转过头来，慢慢审视着比尔走后的周遭。

太阳低低地挂在天上，几乎被一层云遮住了。这人将身体的重心移到一条腿上，看了看表。现在是下午四点。这个季节大概是7月底或8月初。确切的日期他不清楚，误差在一两个星期之内吧，但这已经足够让他判断出太阳是在西北方向。

他朝南看了看，判断大熊湖就在那些山的那边，在这些山的后面，北极圈穿过加拿大北部的平原，那就是贫瘠之地。他所在的这条河流入铜矿河，而铜矿河又向北流进北冰洋。他从未去过北冰洋，但在地图上见过。

他又环视一下周围。景象单调，到处都是一望无际的旷野，小山都是低矮的。看不到树，看不到有草。什么也没有，这空旷使他眼中充满了恐惧。

“比尔！”他低声念叨，然后又念叨：“比尔。”

他站在浑浊的水中颤抖着，顿感压力袭来。他开始像病人一样颤抖，直到枪从他手中掉到河里，他才回过神来。他克服了恐惧，从水里捞起了枪，把背包往左肩上拉了拉，以减轻他那只伤脚的负担。然后，他小心翼翼地走向河岸，非常痛苦。

他脚步不停，极度的恐惧让他抛开了疼痛，匆匆爬上山顶，这时他的同伴已经消失在山顶上了。在山顶，他看到了一个空旷的山谷。他又一次克服了恐惧，取得了胜利。他又把背包往左肩拉了拉，挣扎着走下了山。

谷底非常潮湿。浓密的植物表面水珠密布，每走一步，就会踩出一滩水。他小心翼翼地穿过山谷，紧跟前人的脚步沿着岩石走，这些岩石在潮湿的植物中非常突出。

虽然独自一人，但是他并没有迷路。他知道，再往前走，就会来到一个小湖岸边，那里有枯死的松树。在那里，它被称为“小树枝之地”。只见一条小溪汇入湖里，湖水清澈。那条小溪边长着草，但没有树。他会顺着小溪走直到它的分叉处。他要穿过这里，一直沿着向西流淌的溪流走，直到它汇入迪斯河。在那里，他会在一艘倒扣的船下找到一个补给处，上面覆盖着许多岩石。在这个补给处，有子弹可以填入他的那把空枪，还有鱼钩和钓索。他捕猎所需的一切都在那里。还会有面粉、一点肉和一些豆子。

比尔在那里等他，然后，他们会找一条船，沿着迪斯河向南划到大熊湖。他们会继续向南越过湖泊，一直向南，直到他们来到麦肯齐河。他们会一直向南方划，一直向南，而冬天会接踵而至，小溪结了冰，天气越来越冷。他们要去南方，到一个温暖的地方，那里的树又高又壮，食物管够。

那人挣扎向前，就是这样想的。但是，他在思想上反复做着斗争，就像他在溪流中的挣扎。他努力想让自己相信比尔没有抛弃他。比尔肯定会在补给处等他。他必须有这个信念。否则，他就会失去信念，躺倒死去。

当太阳慢慢地落向西北时，他想起他和比尔在冬天来临之前向南飞行的每一个细节。他一遍又一遍地想起补给处的食物。他已经两天没吃东西了。吃饱就更别提了。他经常采摘青苔草莓，放进嘴里吃掉。青苔草莓中间有核，外面是果肉。放在嘴里，果肉咬碎了，核尝起来很苦。这个人知道这草莓并没有真正的营养价值；但是超乎寻常的生存企盼促使他不停地咀嚼。

那天晚上 9 点，他的脚趾拌到了岩石上，由于疲惫，他摔倒在地上。他侧身躺了一会儿，一动不动。然后从背上卸下背包，撑起身子坐了起来。天还没黑有些光亮，他于是在岩石里摸索，找到一些干柴。他将它们收集成一堆，生了火，然后在上面放了一个锡罐来烧水。

他打开包裹。第一件事就是数火柴。有 67 根。为了确定，他又数了三遍。然后他把它们分成几份，用纸包好。一份放在他的空烟盒里，另一份放在帽子内侧的衬里，第三份放在贴身衬衫里。这一切完成后，他开始担心自己是否数对了。于是他又把它们全部打开，又数了一遍。这次确定了，是 67 根。

他在火旁晾干了湿鞋子和袜子。这双鹿皮鞋已经破烂，袜子有几处已磨破了，双脚在流血。他脚和腿的连接处，也就是脚踝，非常疼。他查看了一下，那里已经肿得同他的膝盖一样大。他从两条毯子中选了一条，剪下一长条，把脚踝绑得紧紧的。然后他又剪下一些带子，绑在脚上，就算是代替鹿皮鞋和袜子了。然后他喝了一壶热水，给手表上了弦，用毯子把自己裹紧。

他睡得很沉。午夜短暂的黑暗来了又很快消失。于是太阳从东北方向升起。更确切地说，那天的黎明只是遮遮掩掩，因为太阳被浓云遮住了。

早晨六点钟，他醒来了，静静地躺着，眼睛直盯着灰色的天空，他饿了。他用胳膊肘支撑着起来时，突然一声响动，吓了他一跳。只见一只驯鹿警觉地看着他，只离他还不到 50 英尺。那人的脑海里立刻跳出篝火上烤驯鹿的画面。出于本能，他伸手去拿那未装子弹的枪，瞄准驯鹿，这时它跳开了，越过岩石消失了。

那人把空枪扔到地上，咒骂着。他挣扎着站起来，痛苦地呻吟了一声。他的动作缓慢。当他终于站起来时，又花了一到两分钟来挺直腰身，这样他才可以正常站立。

他爬上一座小山，四处张望。看不见树，也看不见灌木。只见灰色的草、灰色的岩石和灰色的溪流，什么也没有。天空也是灰色的。没有阳光，也没有希望看到。他不知道哪里是北方，也忘了前一天晚上是怎么来到这个地方的。但他并没有迷失方向。他知道，不久他就会来到这小树枝的国度。他觉得它就在左侧不远的地方。也许翻过一座小山就到了。

这时他开始收拾行装准备出发。他确认了那三包火柴，而且还数了数。这时他确实又开始为一件事犯难了，他要决定如何处理那驼鹿皮做的袋子。它并不大，有双手合掌那么大。但他知道它的重量是 15 磅，同他背负的剩余重量是一样的，这让他很发愁。最后他把它放在一边，开始卷烟。然后他又略停了一下，凝视着那个驼鹿皮包，只见他迅速地向四周扫了一眼，很快地把那包捡了起来。因为他害怕这无人烟的荒原会夺走它。最后他站起来时，那驼鹿皮包已经放在了他的背包里了。

他于是向左出发，不时停下来吃些青苔草莓。他的脚踝僵硬，但是，腹中的饥饿感使脚踝的疼痛无足轻重。这饥饿难以抑制，使他的头脑无法正常寻觅去往小树枝的国度的道路。

青苔草莓并没有缓解他的饥饿。它的苦味只会让他的舌头和嘴巴难受。

他来到山谷，只见一些鸟从岩石上飞起，“咯咯咯”地叫着。他朝它们扔石头，但没有打中它们。他把背包放在地上，像猫扑鸟一样向鸟接近。锋利的岩石划破了他的裤子，在膝盖上留下一道血印。但这疼痛比起饥饿感算不了什么。他在潮湿的树丛中移动，周围又湿又冷。但他毫无知觉，因为对食物的渴望占据了一切。

鸟儿在他面前不停地飞来飞去。“咯咯”的叫声听起来像是在嘲笑他。他诅咒着它们，用大喊来回应它们的啼鸣。

有一次，他碰到一只似乎转向了的鸟从岩石后面飞到他眼前，这时他才看见。小鸟飞起时他猛然向空中抓去，可他只抓到了三根尾巴上的羽毛。当他看见它飞起时，他恨死它了，因为它应该是他的盘中餐。然后他回到了放背包的地方，又把它背了起来。

慢慢地，他来到了猎物更丰富的山谷。二十多头驯鹿从旁边经过，离射程很近。他疯狂地想要去捕猎它们，他想他能做到。一只黑色的小动物向他走来，嘴里叼着一只鸟。他喊了一声，这喊声可怕，只见那动物吓得跳开了，嘴里的鸟却没有丢下。

下午晚些时候，他沿着一条小溪走，溪旁草丛茂密。他紧紧抓住草根，连根拔一个像蔬菜的东西，它又圆又白。他急切地咬了一口，它外面很嫩，让人以为是食物。但它的心部又硬又粘，同浆果一样，没有食物价值。尽管如此，他还是扔下背包，手脚并用地走到草丛中，像牛一样吃着这些植物。

他非常疲倦，常想休息一下，躺下来睡一会儿。但是这饥饿驱使他不能停下来，想要找到小树枝之地却是次要的了。

他寻遍了每一个水潭，没有找到可以吃的东西。后来，当夜幕降临时，他在其中一个水塘里发现了一条小鱼。他把整条胳膊都伸进水里，但鱼还是逃了。他于是用双手去捕捞，搅起了池底的泥巴。由于用力过猛，他掉进了水塘，水没到了他的肩膀。这时，水被搅得浑浊，看不见鱼了。他不得不等着水变清了再看。

然后他又试了试，直到水里又变得浑浊。这时他不耐烦了，从包里拿出一个锡罐，开始舀水。他疯狂地把水舀到不远处，所以水又流回了水塘里。于是他更小心地舀着，让自己平静下来，可是他抑制不了心的狂跳和手的颤抖。半小时后，池塘里的水几乎干了，只剩下了一杯水的量，可是鱼却也不见了。

最后，他在石头中间发现了一个狭窄的洞口，这鱼是从那里逃进了一个更大的水潭，他一天一夜都无法舀空那里的水。如果他早知道有个洞，他就可以在动手之前用一块石头把洞堵上，那鱼就会是他的了。

想到这些，他一屁股坐在潮湿的地上。他开始低声抽泣。然后，就面对着周围冷漠的荒原大声哭泣了起来。

他生了火，喝了热水取暖。然后他在岩石上搭起了帐篷，就像前一天晚上一样。最后就是把火柴弄干，给表上发条。毯子是湿的，脚踝也很痛，但饥饿占据了他所有的痛苦。在睡梦中他梦见奢华的宴会和美食。

当他醒来时，觉得又冷又痛苦。太阳没有出来，大地和天空变得更加灰暗。冷风吹来，白雪覆盖了山头。于是他生了火，烧了了些水，空中一片雪白，下起了雨夹雪。虽然雪片落到地上就融化了，但是持续不断的雪片覆盖了大地，他的火也熄灭了。

这严峻的环境让他背起包袱，挣扎着继续向前，他不知道方向，他不在意小树枝之地，也不去管比尔和迪斯河边那只倒扣小船下的补给处。因为他已急不择路，不去注意脚下的路，只知道这条路通向谷底。他在湿冷的雪地里摸索前行，寻找鲜嫩的青苔草莓，他把草连根拔起，塞进嘴里，但它味如嚼蜡，不能充饥。

那天晚上他没有生火，没有热水。他拉过毯子裹住自己，在饥饿中睡去，时而又醒来，雪变成了冻雨。他醒了很多次，感觉到雨落在他仰起的脸上。

天亮了，太阳没有出来，天阴着，雨已经停了。他不再感到饥饿，只是胃有些隐痛，不是那么难受。他更加振作起来，想起了“小树枝之地”和迪斯河边的补给处。

他把剩下的一条毯子剪成条，将流血的双脚裹起来。在肿胀的脚踝上敷了一条绷带，做好步行一天的准备。在收拾背包时，他对于是否丢弃驼鹿皮包犹豫了很久，但最后他还是将它放入了背包。

雪在雨中融化了，只有山顶露出白色。太阳出来了，他确定了路线。但现在他发现走错方向了。也许他偏向左太远了，于是他向右移动，找回到原来的路上。

虽然饥饿的煎熬不像以前那么强烈，但他觉得自己很虚弱。他得时常停下来休息。这时他会吃青苔草莓和嫩草，这会使他感觉舌头又干又木，口中苦涩，心里不安。走了几分钟后，他的心脏开始怦怦地跳，连续有几次，让他感到眩晕。

中午的时候，他在一个大水坑里发现了两条小鱼。他知道不可能把水清空。但这次他很镇静，抓住了这两条小鱼。这鱼如同他的小手指大，而且现在他并不特别饿。隐隐作痛的胃已经变得迟钝，如同睡着了。他仔细地吃着鱼。吃东西纯粹是出于理智。因为他知道，如果想活下去就要吃东西。

到了晚上，他又捕了三条小鱼，吃了两条，把第三条留作早饭。太阳晒干了潮湿的植物，他于是生起了一火。那天他走了不到十英里的路。第二天，只要心脏能受得了，他就继续，距离也超不过五英里。他的胃并不疼，似乎处于休眠状态。他现在身处陌生的地方，可以看到驯鹿越来越多。还有狼，它们的嗥叫声传遍了旷野，有一次，在路上他就发现有三只狼。

又过了一夜。早上醒来，他变得更理智了，于是解开了驼鹿皮袋子，从袋口倒出金黄的金粒。他把金粒分成相等的两份。一份裹在一块毯子里，藏在一大堆岩石中。他把另一份放回袋子里。将剩下的毯子撕下来一条来裹他的脚。枪他还拿着，因为在迪斯河边的补给处还有子弹。

又是一个阴天，他又在饥饿中醒来。他已经非常虚弱，经常摔倒。有一次，他掉进了一个鸟巢里。里面有四只小鸟，大概才出生有一天，一口就能吃掉。他贪婪地吃了它们。他把它们活活地塞进嘴里，然后像咬蛋壳一样把它们咬碎。鸟妈妈愤怒地鸣叫着，绕着他飞。他用枪抡起来打它，但她飞得太高。他朝她扔石头，砸断了它的翅膀。这样它才拖着折断的翅膀飞走了，他还在后面追。

小鸟们还没有满足他的饥饿。他忍着疼痛的脚踝往前跳，不时扔石头，还大声喊叫。有时，他默默地挣扎着往前走，摔倒时慢慢地爬起来，有时快要晕倒时用手揉眼睛。

他跟着这只鸟来到山谷底部的一片湿地，发现在潮湿的草地上有脚印。他能看出来，这不是他的。这一定是比尔的。但是他不能停下来，因为鸟妈妈在前面跑，他要追上去，抓住它。然后再回来查看脚印。

他追得鸟妈妈累了；他也累了。那鸟躺倒了，喘着粗气。而他也侧身躺在十多英尺之外，没法抓到它。他有劲了，那鸟也有劲了。当他伸出饥饿的手去抓它时，它飞走了。就这样他不停地去抓它。夜幕已降临，那鸟终于逃走了。因为虚弱他跌倒了，脸划破了。很长时间他没有动弹；然后他翻了个身，他给表上了弦，然后就躺在那儿一直到天明。

接下来又是一个阴沉沉的日子。最后一条毯子他用去一半来裹脚。他没有再找到比尔的踪迹，这已不重要。饥饿驱使他继续前进。他怀疑比尔是不是也迷路了。到了中午，背包的重量太大了，他已背不动了。于是他又把金子分成两半，把一半倒在地上。到了下午，他把剩下的也扔掉了。他现在只剩下一半毯子、锡罐和那支枪了。

这时他有了幻觉，他相信还剩下一颗子弹在他的枪里，但他没看到。然而，他一直都认为枪里没有子弹。但幻觉还在，他挣扎了几个小时，最后，他忍不住地拉开枪栓，却发现里面一粒子弹也没有。

他挣扎着向前移动了半个小时，幻觉又出现了。他又与它斗争，可是还是挥之不去。为了让自己放松，他再次拉开枪栓，里面还是空的。

有时，他的幻觉甚至更厉害，但时间是短暂的，因为饥饿的痛苦总是将他带回到现实中来。有一次，当他再次出现幻觉时，他看到了一个动物几乎把他吓晕，他马上又回到了现实中来。他那时好像在面前看到了一匹马。一匹马！

他简直不敢相信自己的眼睛。他眼前一片模糊，还闪烁着光亮。他使劲揉了揉眼睛，想看清些。这时，他发现在他面前的不是一匹马，而是一只大棕熊，它正好奇地打量着他。

他举起枪，当没有举到肩膀时他才意识到在做什么。他放下枪，从隐蔽处抽出猎刀。在他面前是他可以活下去所需的肉。他用手指划过锋利的刀锋。刀尖是锋利的。他会扑向熊，杀死它。但他的心开始怦怦直跳，紧接着就是狂跳，他感到一阵眩晕。

强烈的恐惧让他的勇气消失了。在他示弱的时候，野兽攻击他怎么办？他挺直身子，握着刀，目不转睛地盯着那只熊。熊也向前走了几步，站了起来。如果他跑，熊也会跟着跑；但他没有跑，这恐惧使他充满了勇气。

熊发出吓人的声响，离开了。他肯定也惧怕这只令人恐惧的熊。但他没有动，他一动不动地站着，直到危险过去了。最后，他在一阵颤抖中身子软下去，跪在了湿漉漉的草地上。

他打起精神，继续往前走，前方又出现新的威胁。这不是缺乏食物的威胁，而是他担心自己会被别的力量干掉，不是饥饿。因为那里有狼。在荒原的另一边，可以听到它们的嗥叫声，周围的环境对他来说就是一个最真实的威胁。

狼不时地三三两两地从他面前经过。它们离他较远，没有足够的数量来攻击，而且，它们是在猎捕驯鹿。驯鹿不打架，而这种用两条腿走路的奇怪生物可能会咬人。

临近夜晚，他在狼群捕食过的地方发现了散落的骨头。这是一小时前剩下的一头年轻的驯鹿的骨头。他看了看，吃掉了肉。这肉仍然是粉红色的，仍然有生命的迹象。一天即将过去，这就是他的样子吗？生活就是这样吗？就是这转瞬即逝，毫无意义的东西？只有活着才会痛苦，死后没有了痛苦。死如睡眠，意味着休息。那他为什么就不一死了之呢？

但是他对这生死并没有想太久。不久，他就坐在草地上，嘴里衔着一根骨头，咬着那粉红色的肉，这是救命的肉。甜美的肉味使他疯狂。他紧紧咬住骨头，骨头断了还是牙齿断了，他已毫不在意。后来他用石头砸，把它们捣成小块，然后吃掉。他忙中出错，将手指头也砸了一下。但令人感到惊讶的是，他的手指被砸到时并不怎么疼。

接着是几天可怕的雨雪天气。他不知道自己什么时候扎帐篷，什么时候拆帐篷。他白天赶路，晚上也赶路。每当他跌倒时，他就休息；每当他生命的力量重新燃烧起时，他就继续前进。作为一个真正的人，他不再挣扎，是他本能的生命源泉驱使他继续前进。他不再痛苦，也没有痛苦感觉。但他充满了幻觉和疯狂的梦想。

他仍然吃着收集来并随身携带的小驯鹿的碎骨头。他不再翻山越岭，而是顺着一条溪流往前走，这溪流穿过宽阔山谷。他不去看这条溪流，也不去看这山谷。他心中只有奇幻。

一天早晨，他躺在岩石上醒来时很清醒。阳光明亮而温暖。他听到远处小驯鹿发出的叫声。他记起了雨、风和雪，但暴风雨究竟肆虐了两天还是两个星期，他不知道。

他静静地躺了一会儿。亲切的阳光洒落在他身上，温暖着他的身体。好天气，他想。也许他能确定自己的位置。他吃力地翻了个身。

他身下流淌着一条大河，这震惊使他迷惑。随着他的视线，这河流在光秃秃的山间盘旋。这山比他见过的山都要贫瘠、低矮。他的视线慢慢地，沿着这条奇怪的河流向天边望去，他的心情平静。他看到河流汇入碧波荡漾的海洋。这时他仍然无动于衷。他想到，这太壮观了。也许是他的幻觉。但当他看到一条船航行在波光粼粼的海面时，他不怀疑了。他闭上眼睛，静了静，然后又睁开眼睛。奇怪的是，这种景象是怎么延续的。这并不奇怪，他知道在这片荒原中，既没有海也没有船，就像那支枪里没有子弹一样。

这时，他听到身后有声音，这声音像是从喉中发出的干涩的声音，由于虚弱和僵硬，他非常缓慢地侧过身来。可是他什么也没有看见，只是耐心地等了等。只听又传来的这声响，是在两块石头中间，一只灰狼的头露了出来。尖尖的耳朵不像其他狼那样竖起。眼睛呆滞，脑袋也似乎耷拉着。它在阳光下不断地睁眼闭眼，似乎病了。这时它又低嚎了一声。

这是真的，他想。他侧身另一边去看，这是真的，以前是被他的幻觉掩盖了。那海水依然波光粼粼，船仍在。这是真的吗？他闭上眼睛想了很久，终于想起来。

他一直往北偏东走，偏离了迪斯分水岭，进入铜矿谷。这条宽阔的河就是铜矿谷。那片波光闪闪的大海就是北冰洋。那船是一艘渔船，从马更些河河口向东航行。现在它停靠在科罗内申湾。他想起了很久以前看过的地图，对他来说，这一切都足够的清晰。

他坐起来，开始整理自己的一切。他的毯子已经磨破了几个洞，他的脚已血肉模糊。剩下的那条毯子也没了，枪和刀都丢了，帽子也不知丢到那里了，帽子衬里还放着火柴。胸口口袋里的火柴还在纸里，完整而干燥。他看了看表，走动正常，已经十一点了。这表明他一直没有忘记上表弦。

他并没有激动，虽然很虚弱，但没有痛感也不饿。想到食物他也没有想吃的欲望。他所做的一切都有条不紊。他将裤腿扯下，一直扯到膝盖，然后绑在脚上。莫名其妙地，他保住了那个锡罐。他想先喝点热水，然后再去那船，路上会很艰苦。

他动作缓慢，浑身发抖，极具病态。当他要抱干草时，他发现已经站不起来了。他试了又试。最后，他不得不手脚并用地爬行。曾经他很接近那只有病的狼，可是它向旁边躲开了，并用舌头舔着脸，似乎它已没有力气卷起舌头了。他注意到，狼的舌头不是通常正常的红色，而是一种黄褐色，上面有一层快要干了的表皮。

他喝了一些热水，这时可以站起来了。他可以走路了，但是完全是一个临死的人的走路方式。他不得不隔一两分钟就停下来休息一下。步履蹒跚，就像他身后的狼一样。到了晚上，当闪亮的大海隐秘在黑暗中时，他发现大海离他已不到四英里了。

整个晚上，他都能听到那只病狼的呻吟声，还有不时传来的幼鹿的叫声。他周围充满了生命力，而且是坚强的生命力，充满了生机和活力。他知道那只病狼正跟着他，希望他先死掉。第二天早上，他睁开眼睛时，看到它正用饥饿的目光盯着他。它夹着尾巴站在那里，像一只丧家犬。

太阳升起来了，耀眼明亮，整个上午那人朝着停泊在波光粼粼的海面上的那艘船走去。天气太好了，这正是这里夏季短暂的回归，也许会持续一个星期，或许明天或者后天，它就可能就消失。

下午，他发现了前人路过的痕迹。这人没有走路，而是用手和膝盖拖着走，他想这可能是比尔，但他完全不在意，他已失去兴趣。他已经没有了感觉和情感，也感觉不到疼痛。然而，他内心的生命力驱使着他向前。他很累，但是这生命力却让他活下去。正是因为这个，他才仍然吃青苔草莓和小鱼，喝下热水，并警惕地盯着那只病狼。

他沿着这拖着身子前行人的痕迹走，很快就走到了头。只见几块刚啃过的骨头，草地上还有许多狼的脚印。他发现了一个驼鹿皮的袋子，就跟他自己的一模一样，锋利的牙齿已撕破了它。他把它捡了起来，这重量很重，他软弱的手指几乎拿不住。比尔一直把这袋子带到了最后，而他将笑到最后。他要活下来，把这驼鹿皮的袋子带到停泊在波光粼粼大海里的船上去。他放声大笑，笑得渗人。那只病狼也跟着他一起嚎叫。这时他突然不笑了。如果这些粉白干净的骨头是比尔的骨头话，他怎么能嘲笑比尔呢?

但是，他转身离开了，比尔虽然抛弃了他。但是他既不拿那金子，也不吃他的骨头。如果他们的角色互换的话，比尔也会这样做的。

他来到一个水潭边，弯下腰去抓鱼，头向后一仰，好像被撞到。水里他看见了自己的脸，太可怕了，他迟疑了半天，禁不住被自己的丑态震惊了。水潭里有三条鱼，面积太大，水舀不完。他用锡罐里想抓住鱼，试了几次他还是停了下来，他非常虚弱，害怕掉到水里。他也不敢沿河岸抱着木头顺流漂下去。

那天，他走了三英里，和船之间的距离越来越近。第二天，他只走了两英里，只因他现在像比尔一样用手和膝盖爬行。第五天傍晚，船还在七英里之外，这一天他一英里都没有走到。然而，现在还是夏季，他继续朝渔船爬去。而那只病狼还是在他的身后哀嚎。

他的膝盖和他的脚一样磨出了鲜红的肉，即使他用背上的衬衫把它们包了起来，他走过的草地和石头上还是留下了一道道血红的痕迹。他回头看时，只见那只狼正贪婪地舔着他血淋淋的足迹。他很清楚自己的结局，除非他干掉这只狼。这真是前所未闻的事情：两个奄奄一息的生命，穿过这荒野，角逐着想要干掉对方。

如果这狼健壮，他也不会觉得有什么。但是一想到要让这只垂死的东西吃掉，就觉得恶心。他又开始胡思乱想，幻觉搅扰着，留待他主宰的时间越来越短。

有一次，他从昏睡中被耳边一声哀嚎惊醒。只见那只狼跳开了，由于它身体虚弱，失足跌倒了。这太滑稽了，可是他不能笑，也不害怕了。因为他已经经历得太多了。他的头脑暂时是清醒的，躺在地上若有所思。

那船离他不到四英里，他揉了揉眼睛就看得更清楚了。他还看到一只小船的白帆，在波光粼粼的海面上迎风破浪。可是他仿佛永远也走不完这四英里路。他知道这一点，而且对这一事实非常冷静，他知道半英里也走不了了。但他还是想要活下去，因为在他经历了那么多生死挣扎后，死是不能接受的。命运对他苛求太严，而在垂死之际，他不能接受死亡。这也许太疯狂了，但在死亡到来之际，他选择活下去。

他闭上眼睛，尽力保持冷静，竭力克制着不让自己睡过去。这沉沉的睡意对他造成巨大的威胁。这睡意像大海，越来越巨大，一点一点地蚕食着他的意志。在努力渡过这命运河流时，他似乎迷失了方向。然而，这来自灵魂的奇特的力量，更加加强了他的意志来与这死亡作斗争。

他静静地躺着，可以听到那只狼的喘息声，慢慢地越来越近，越来越近了，不停地越来越近。而他也一动不动，只听那狼就在他的耳边，干枯的舌头掠过他的脸。他伸出双手，其实是他意志想让双手挥舞出去，他的手指是弯曲的，什么也抓不到。有力量才能有速度，而他已没有力量了。

那狼静静的等待是可怕的，而那人的等待也同样可怕。他静静地躺了半天，竭力抗拒着睡意。他等待着那只要吃他的狼，而他同样也要吃了它。时不时地，睡眠像海洋淹没了他，他做了一个长长的梦，但在整个过程中，无论是醒着还是在梦中，他都在等待着那狼的呼吸声和那干涩的舌头。

终于，他没有听到狼的喘息声。他慢慢地从梦中清醒过来，感觉到舌头在他的手上舔着。他等待着，感觉狼的牙齿轻轻咬了一下，然后咬得更紧了。那只狼正用它最后的力气撕咬着它等待已久的猎物。但那人也等了很久。他一只手抓住了狼的嘴，慢慢地，当狼虚弱地挣扎时，他另一只手抱住了狼的身体。五分钟后，他整个的重量压在狼的身上。他双手已没有力气抓住狼的喉咙，等到它死去，他将嘴紧贴着狼的喉咙，咬到了满嘴的毛。半小时后，那人感到喉咙里流入了热乎乎的血滴。这感觉不好，就像暖暖的熔化了的金属，强行流入他的胃里，这是他意志的力量驱使的。最后那人翻了个身，睡着了。

贝德福德号渔船上有一些科学家。他们站在船上，可以看到岸上有一个奇怪的东西，沿着海滩朝水里移动。他们没法确定那是什么。因为他们是科学家，于是就爬上一艘小船上岸去查看。他们看到的简直不能叫作人，他已经什么也看不见了，也不知道自己在干什么，几乎动不了了。在地上只能一小时移动二十英尺。

三周后，这人躺在渔船上的一张床上，他泪流满面。他交代了自己的身份和经历。他还平淡地谈到了他的母亲，还有他在加利福尼亚的家，这家周围簇拥着美丽的花。

此后不久，他与科学家和船上的船员们坐在一起，看到这么多的食物，他非常高兴，细细地看着他们吃着食物。他们每吃一口，他的眼睛里就露出悲哀。可是他没有疯。在吃饭的时候，他却讨厌这些人。他担心这样食物会短缺。他向厨师、侍者和船长打听食物供应情况。他们再三向他保证。可是他还是不相信，于是就走进厨房亲自去查看。

人们注意到这人越来越胖，持续地胖起来。科学家们摇摇头，并就这个问题讲了自己的看法。他们限制了这人的食量，可是并没有阻止他体重的增加。

海员笑了，他们知道他发胖的原因。科学家们决定观察这人的行为，也发现了原因。他们看见他早饭后在船上徘徊，很像一个伸手乞讨的人。只见他向一个水手走去，水手笑着给了他一块面包。他抓住面包，就像一个贪婪的人看金子一样。然后他先把它放进衬衫里，再从其他微笑着的水手那里接过面包。

科学家们非常小心，他们没有阻止他的行为，但是却暗中地检查了他的床铺。只见上面全放着面包，每一寸空间都堆满了面包。可是别以为他疯了，他只不过是在为可能的挨饿做准备。科学家们说他会恢复过来的。是这样的，在贝德福德号驶入旧金山湾之前，他已经康复了。

《热爱生命》
英文赏析

22 敞开的窗户

◎萨奇

“我姑妈马上就来，纳特尔先生，”这镇定的十五岁姑娘说，“另外，你必须凑合着跟我在一起了。”

弗拉姆顿·纳特尔竭力想说些什么，这样来讨好眼前的侄女，又不至于过分得罪即将到来的姑妈。在心里，他比以往任何时候都怀疑，不断地拜访陌生人，是否对他正在接受的神经治疗有多大的帮助。

“我了解情况，”当他准备搬到这个乡村寓所时，他的妹妹这样说；“你只会感到十分孤独，因为没有人跟你说话，你会忧郁得不得了。我给你写封信，介绍那里我熟悉的人。在我的印象中，他们中有些人相当不错。”

弗拉姆顿心里想，这位萨普尔顿夫人是否也待人友好，因为他正准备将他妹妹的信交给这位夫人。

看着两人有好久没有讲话了，侄女问：“这里有你认识的人吗？”

“一个人也不认识，”弗拉姆顿说。“是这样，大约四年前，我妹妹就住在这里，在这个教区的管区，她为我写了几封信，介绍了这里的一些熟人。”

他说最后这句话时，明显带着遗憾的语气。

“这么说，你对我姑妈不了解了？”这孩子泰然自若，继续追问道。

“只知道她的名字和住址，”这来访的先生说。他不知道萨普尔顿夫人的丈夫是在，还是不在，只是隐约地感觉到似乎这房间里有男人在。

“她的惨祸就发生在三年前，”这孩子说，“那是你妹妹还在这里时发生的事了。”

“她的惨祸？”弗拉姆顿先生问道。在这样宁静的乡村，惨祸似乎不会发生，真是难以想象。

“你可能会纳闷，我们为什么在十月下午还开着那扇窗户，”侄女指着一扇通向草坪的法式大落地窗说。

弗拉姆顿先生说：“就一年中的这个时候来说，这里还相当暖和。”“那扇窗户和这场惨祸有什么关系吗？”

“三年前的一天，就是从这扇窗户姑夫和她两个弟弟出去打猎，然后，就再也没有回来。在穿过沼泽地去他们最喜欢的狩猎场的时候，他们三个都被一片沼泽吞没了。你知道，那是一个令人恐怖的、湿润的夏天，在往年是安全的，但是却突然地吞没了他们。他们的尸体一直没有找到。这太恐怖了。”说到这里，孩子的语气中没有了镇静，变得忧伤。“可怜的姑妈总是想他们总有一天会回来的，想着他们和那只跟他们一起失踪的棕色小猎犬，就像以前一样从那扇窗户走进来。这就是为什么每天晚上窗户一直开到黄昏的原因。可怜的姑妈，她经常告诉我他们是怎样出去的，她的丈夫肩膀上搭着白色防雨外套，最小的弟弟罗尼唱着：‘伯蒂，你为什么要跳开？’他总是这样取笑她，使她心烦。你知道吗，有时候在这样寂静的夜晚，我会有种恐怖的感觉，想着他们会从那扇窗户走进来……”

说着，她略微哆嗦了一下，停了下来。这时，姑妈匆匆走进房间，向他道歉说她来迟了。弗拉姆顿先生这才松了一口气。

“我想薇拉在逗你开心了？”姑妈问道。

弗拉姆顿先生说：“她特别有趣。”

“我希望你不要介意这开着的窗户，”萨普尔顿太太轻快地说。“我丈夫和兄弟们打了猎就回来，他们总是从这里进来。今天他们到沼泽地去狩猎了，所以会把我这漂亮的地毯弄得很脏。就像你们爷们一样，是吧？”

她兴致勃勃地说着打猎、鸟类的稀缺以及冬天里鸭子会怎么样。弗拉姆顿先生听着，不禁毛骨悚然。他拼命想把话题转到一个不那么恐怖的话题上，但收效甚微。他发现，女主人对他并不注意，她的眼光跳过他，眺望着敞开的窗户和远处的草坪。弗拉姆顿先生碰巧在惨剧发生后三年来访，真是太不凑巧了。

“医生们一致认为我应该好好休息，避免精神兴奋和任何剧烈的体育运动，”弗拉姆顿先生说道，他误以为陌生人和偶然相识的人会想要了解别人的疾病和弱点，还有这疾病的原因和治疗方案。“在饮食问题上，医生们的意见并不一致，”他继续说。

“是吗？”萨普尔顿太太说着，打了一个哈欠。然而就在这时，她突然眉开眼笑，精神为之一振——当然这不是因为听了弗拉姆顿先生的啰唆。

“他们终于回来啦！”她喊叫道。“刚好回来喝茶，看他们浑身上下都成了泥人啦！”

这时，弗拉姆顿先生不禁打了个寒颤，眼光转向那侄女，她的表情里既有同情也有体贴。那孩子正从敞开的窗户向外凝视，眼睛里充满了茫然的恐惧。弗拉姆顿先生顿时感到莫名的恐惧，浑身颤抖，他转过身去，向来人的方向望去。

在渐深的暮色中，只见三个人影穿过草地向窗口走来，他们胳膊下都夹着枪，其中一个肩上还搭着白色的外套。一只疲倦的棕色猎犬紧跟在他们的身后。他们在寂静中走来，只听见一个沙哑的声音在暮色中唱着：“我说，伯蒂，你为什么要跳开？”

弗拉姆顿先生疯狂地抓起他的手杖和帽子；在慌乱中他疾驰出门厅，穿过砾石的车道和前门。一位骑自行车的人沿路而来，为了躲避他，一头撞进树丛中。

“亲爱的，我们到了，”穿白色防雨衣的人从窗户进来，“我们浑身是泥，但大部分干了。我们进来时跑出去的那个人是谁？”

“这人太奇怪了，是纳特尔先生，”萨普尔顿太太说；“他只谈了些他的病，你们进来的时候，连句道别也没说就匆匆地走了。还以为他见了鬼呢。”

“我想是那条西班牙猎犬惹的祸。”那侄女平静地说：

“他告诉我他很怕狗。有一次，他被一群恶狗追到恒河岸边的一个墓地，不得不在一个新挖的墓穴里过一晚上，那些恶狗就在他头顶上咆哮、狂吠，嘴里还吐着白沫，足以让人发疯。”

信手拈来就是这位侄女的拿手好戏。

《敞开的窗户》
英文赏析

23 牧羊人的妻子

◎亨利·劳森

这房子有两个套间，用圆木、石板和澳洲桉树搭建，地面用木板铺成。一端是一个大厨房，比房子本身还要大，外面还有阳台。

房子四周都是灌木——在这平坦的旷野，这灌木一眼望不到头，因为远处也没有山峦的遮挡。这片灌木中种的苹果树又矮又难看。周围看不见低矮的植被，只见几棵深绿色的大麻黄树轻轻摇摆在溪流岸边。这溪流狭窄，几乎没有水。最近有人居住的地方离这里有 19 英里，是主干道上的一间棚屋。

牧羊人出门放羊，留下了他的妻子和孩子。这牧羊人从前来到这里，占了这片地住下。

在房子旁边有四个衣衫破烂瘦小的孩子在玩耍。突然，其中一个喊道："蛇！妈妈，有一条蛇！"

只见一位憔悴的，皮肤被晒得黝黑的妇女冲出厨房，从地上抱起孩子，放在左腰间，然后伸手去抓棍子。

"在哪里？"

"在这里！跑到柴堆里去了，"老大喊道——这老大有十一岁，脸庞瘦削，淘气又顽皮。"别动，妈妈！我来抓它。你向后站！我来抓这个家伙！"

"汤米，过来，不然你会被咬的。我叫你马上过来，你这个小坏蛋！"

这男孩磨磨蹭蹭地走来了，手里拿着一根比他还高的棍子。突然，他得意地大叫：

“在那里！它钻到了房子下面了！”说着，举起木棍猛冲出去。与此同时，那只黄眼睛黑色杂种狗正密切注视着这一切，只见它挣断了链条，直扑那条蛇。然而，它没有赶上，当它的鼻子刚伸到木板的裂缝时，蛇的尾巴已经不见了。几乎就在同时，男孩的棒子打了下来，打破了那狗的鼻子。而鳄鱼（狗的名字）根本就不在乎这一切，继续向房子下面搜索；经过一番努力，它终于放弃了，然后被上了锁链。这家人不能让这条狗跑了。

牧羊人的妻子让孩子们一起站在狗窝旁，然后，她去找那蛇。她倒了两小碗牛奶，把它们放在墙边，想引诱蛇出来；但一个小时过去了，它还是没有动静。

这时，太阳快下山了，雷雨就要来了。必须把孩子们带进屋去，但是她不能这么做，因为她知道蛇就在屋下，而且随时会从粗糙的地板缝里爬出来。于是她抱了捆柴进了厨房，然后带着孩子们进了厨房。这厨房没有地板，或者更确切地说，是泥土地，在这灌木地带可称为“一楼”。厨房中央有一张简陋的大桌子。她把孩子带进来，让他们坐在这张桌子上。有两个男孩和两个女孩，女孩还很小。她给他们准备了些晚餐。天黑前，她进了屋子，拿出几个枕头和被褥——做这些时，她想能不能看到那蛇，或摸到蛇。她在厨房的大桌子上给孩子们铺了一张床，然后坐在桌子旁边想整晚照看他们。

她向屋角看了看，梳妆台这边放着一根绿色木棒，准备打那蛇。还有她的针线篮和一份《少妇杂志》。她还把狗带进了房间。

汤米极不乐意地进来了，说道他晚上不睡，要把那条不长眼的蛇打个稀巴烂。

妈妈反驳他：她已经很多次告诫他不要骂人。

于是，汤米把他的木棒藏在了床单下。这却遭到了杰克的反对：

“妈妈！汤米会用他的棍子划破我。让他把它拿开。”

汤米说道：“闭嘴！小东西！你是不是想让蛇咬你？”

杰克吓得闭上了嘴。

“如果你被咬一口，”汤米稍停一会儿说，“你浑身就会肿起来，发出臭味，身体会由红变绿，再变蓝，直到身体炸开。妈妈你说对不对？”

“好了，别吓唬孩子。睡觉去。”妈妈说。

两个孩子去睡觉了，但是，杰克时不时会抱怨被“几（挤）到了”。给他留多点位置。一会儿，汤米说：“妈妈！听他们的谎话。我真想拧断他们该死的脖子。”

杰克在睡梦中抗议着。

“但他们不会伤害我们，你们这些小家伙！”

母亲说：“瞧，我说过你教杰克说脏话了。”但这句话让她自己也笑了。杰克睡下了。

一会儿，汤米又问：“妈妈！你认为他们会把袋鼠救出来吗？”

“天啊！我怎么知道？孩子，快睡觉去。”

“如果蛇出来了，你会叫醒我吗？”

“好的。去睡觉。”

时间接近午夜了。孩子们都睡着了，她静静地坐在那里做一会儿针线活，看一会儿书。她不时地注视地板和壁板，听到声响，她就去拿棍子。暴风雨来了，狂风从厚板壁上的裂缝中呼呼地吹入，眼看就要吹灭蜡烛。她就把它放在梳妆台避风的地方，然后用一张报纸来罩住它。每一次闪电，木板之间的缝隙就会透入闪闪亮光，就像擦亮的银器。屋外雷声隆隆，大雨滂沱。

鳄鱼直挺挺地趴在地下，眼睛望着地板。她知道蛇就在那里。卧室地板下面的那面墙上有很大的裂缝。

对于这蛇她不是胆怯，只是，最近发生的事件使她担忧。她姐夫的小儿子最近被蛇咬死了。另外，她已经六个月没有收到丈夫的来信了，她非常担心。

她丈夫以前是个牲口贩子，结婚后就占了这片地，住了下来。十八年的干旱让他几乎破产，他不得不牺牲掉剩下的羊群，重操旧业。他打算一回来就把家搬到附近的镇子上。另外，他的哥哥，现在住在主干道上的一间棚屋，大约每个月带着食物来一次。他的妻子还养了几头牛、一匹马和几只羊。她妹夫有时会杀掉一头羊来作她们的食物，然后拿走羊的其余部分，再换回其他必需品。

她已习惯一个人独处。她以前就这样独立生活了十八个月。在少女时代，她也有一样的美好的憧憬；但现在所有少女时代的希望和抱负早已消失得无影无踪。现在她只能在《少妇杂志》上去寻找她所需要的刺激和消遣，但愿上帝保佑她！她非常喜欢时装打扮。

她和丈夫都是澳大利亚人。这丈夫做事不免有些粗枝大叶，但也不失为一个好丈夫。如果他有办法，他会把她带到城里，让她过上像公主一样的日子。他们已经习惯了分开，至少她是这样。“烦恼是没有用的，”她说。他有时可能会忘记自己还有妻子；但如果他回来时带来了一张数量可观的支票，他会把大部分钱都给她。有钱了，他会带她到城里去几次——包一间火车卧铺房，住最好的旅馆。他还给她买了一辆马车，但他们不得不把它和其他的东西一起抛开了。

最小的两个孩子出生在灌木地带，其中一个是她丈夫强行带来一个喝醉了的医生为她助产。那一次只有她一人，身体非常虚弱。还一直在发烧。她祈求上帝能帮助她。于是，上帝送来了布莱克·玛丽——这是全国“最纯白”的杜松子酒。或者，至少上帝先派了金·吉米，然后他派了布莱克·玛丽。他把脸贴在门框上，看了一眼情况，高兴地说：“好吧，太太，我带着我的老婆子来了，她沿河下来。”

她一人在的时候，有一个孩子夭折了。她骑着马赶了 19 英里去寻求帮助，可背上的孩子还是咽了气。

时间已近一两点了。火苗烧得不是很旺了。鳄鱼将头枕在身上休息，盯着墙看。这狗并不好看，灯光下显示了许多它的旧伤口，因为那里不会长毛。无论是地上的还有地下的，它都无所畏惧。无论是大如小公牛还是小如跳蚤的东西它都不害怕。它讨厌其他的狗，除了袋鼠狗，而且对家里的朋友或亲戚也明显地厌恶。不过，他们很少来访。不过有时它也会和陌生人交朋友。它厌恶蛇，咬死过许多蛇，但也许有一天也会被咬死；大多数猎杀蛇的狗都是这个下场。

牧羊人的妻子时不时会放下手中的活，看一看，听一听，还想想事情。她所想的是自己生活中的事情，因为只有这些事可想。

下雨会使草生长，她想起有一次丈夫不在家，她扑灭了一场丛林大火。那时草长得高，天气干燥，火快要威胁到她了。只见她穿上她丈夫的一条旧裤子，用一根树枝扑灭了火焰，她的额头上冒出一大串乌黑的汗珠，一道道地落在她那发黑的胳膊上。看到妈妈穿着裤子，汤米也鼓起勇气，英勇地在妈妈身边帮忙。但是吓坏了的弟弟，拼命地哭着要“妈妈”。要不是四个强壮的邻居及时赶到，火早就把她吞噬了。房子四周一片狼藉；当她走过去抱起孩子时，他尖叫着，浑身抽搐挣扎着，因为他眼前的妈妈已经是“黑人”了；鳄鱼是出于孩子般的感觉，而不是凭自己的本能，疯狂地冲了上去，由于过于它岁数不小还有点耳聋，一开始并没有认出女主人的声音，扒在鼹鼠皮上不动，直到汤米用马鞍带将它赶下来。这狗为自己的错误感到悔恨，它尾巴下垂，咧着嘴，明显是急于让人知道这一切都是一个误会。这是孩子们的英勇时刻；值得回首谈论的一天，她们后来好多年都在谈论这事。

她又回忆起丈夫不在的时候她是怎样和洪水搏斗的。那时她在倾盆大雨中工作了好几个小时，挖了一条泄洪沟来保住横穿溪流的水坝。但是她没有成功。有些事是她这样住在丛林地带的妇女做不到的。第二天早晨，堤坝崩塌了，她的心也几乎要碎了，因为她想，当她的丈夫回到家，看到多年的劳动成果被水冲走了，他是什么感受。想到这些她不禁哭了。

她还同牛的传染性胸膜肺炎作斗争，给存活下来的几头牛注射了药，放了血。可是，当她最喜欢的两头牛死了时，她还是哭了。

她还同一头疯牛战斗了一天，那头疯牛把房子围了起来。于是她自己做了子弹，穿过木板的缝隙，用一把旧猎枪向它射击。早上起来它就死了。她剥了它的皮，卖了 24 便士。

她还同想对她的鸡图谋不轨的乌鸦和老鹰搏斗。她对付它们的方法很新颖。当孩子们叫道：“乌鸦，妈妈！”她就会冲了出来，手里拿着扫帚像拿枪一样对准乌鸦或老鹰，嘴里模仿着枪声：“砰！”乌鸦会乖乖地匆匆飞离。这些乌鸦很狡猾，但她更狡猾。

有时会有人从丛林中来，很吓人，还有看起来很坏的流浪汉的造访，这都把她吓得半死。她通常会告诉这形迹可疑的陌生人，说她的丈夫和两个儿子在大坝下面或院子里干活，因为这人总是狡猾地要见主人。

就在上个星期，一个流浪汉来到房前。他长着一张恐怖的面容，了解到屋里没有男人之后，他很满意，把不知哪里抢夺来的东西向阳台上一扔，张口就要吃的。她给了他一些东西吃；但是，他还要求在这里过夜。那时太阳已经下山了，只见她从沙发上抓起一根板条，把狗放开。她一只手拿着板条，另一只手攥着狗的项圈，对那流浪汉说道："你现在给我滚!"这流浪汉看了看她，又看了看那狗，然后用一种顺从的口气说："好的，夫人。"然后他离开了。她是个很坚定人，鳄鱼那黄色的眼睛恐怖地瞪着，此外，这只狗的嘴非常像鳄鱼的嘴，所以大人给狗起名字叫"鳄鱼"。

她独自坐在炉火旁，随时提防着一条蛇的时候，她没有什么快乐可言。对她来说，每一天都是一样的；但是星期天下午，她要穿好衣服，给孩子们收拾干净，把小的打扮得干净靓丽，然后推上一辆旧婴儿车，沿着丛林小路散步。她每个星期天都这样做。她非常认真地打扮，让自己和孩子们看起来整洁时髦，就像她们在城市里的街道上一样。可是，一路上她们什么也看不到，一个人也见不到。你可以沿着这条小路走上 20 英里，却无法找到一个可做标记的地方。只有丛林人可以做到。因为这些矮小的树木永远一成不变，令人发狂。这种单调使人渴望摆脱这种生活，到火车能开到的地方去，到轮船能驶到的地方去——甚至更遥远的地方。

但这位丛林妇女已经习惯了这孤独。作为一个年轻的妻子，她也许会讨厌这孤独，但现在如果抛弃孤独她会感到不习惯。

当丈夫回来时，她很高兴，但她很镇定也不会大惊小怪。她给他做好吃的饭菜，还为孩子们洗澡。

她对自己的命运没有怨言。她爱她的孩子，只是没有机会表现出来。而表面上来看她似乎对他们很严苛。周遭的环境不利于她"母性"的多愁善感的天性的发展。

时间一定快到凌晨了；但是钟在房子里，而且她的蜡烛快烧完了；她忘了蜡烛已经用完了。她必须再弄些木柴来生火，于是她把狗关在里面，匆忙跑到柴堆那里。这时雨已经停了。她抓起一根柴棍，拔了出来，只听"哗!"一声整堆柴垛倒了下来。

昨天她跟一个流动做工的澳洲土人讨价钱，要他给她砍些劈柴。当他干活的时候，她去寻找一头丢失的奶牛。她大概去了一个钟头，这澳洲土著干活卖力。等她回来的时候，烟囱边已经堆了一堆劈柴，她非常惊讶，然后又给了他一些烟草，表扬他勤快。他谢过她，昂头挺胸地离开了。他是部落的最后一个成员，也是一位国王；他却堆出了那柴堆。

她被倒塌的柴火打伤了，再次坐在桌边时她不禁眼泪夺眶而出。她拿起手帕擦眼泪时，手指却戳到了眼睛。因为，手帕上都是洞，她的拇指穿过了一个洞，食指也穿进了另一个洞。

于是，她大笑了起来，这让那狗很吃惊。她有时表现得非常、非常不可思议；将来总有一天，她会把这个事情讲给丛林里的人，让他们开心。

她以前也这样大笑过。她说有一天，她坐下来“大哭了一场”，这时那只老猫蹭着她的裙子“也哭了起来”。于是她忍不住就大笑起来。

现在天一定快亮了。因为有火，这房间很闷热。鳄鱼仍然始终盯着这堵墙。突然，他变得机警起来；只见它朝隔墙靠近了几英寸，浑身一阵战栗，脖子上的毛竖了起来，黄色的眼睛里闪烁着搏斗的光芒。她知道这蛇要开始攻击了，于是她将手放在了棍子上。房间中一块隔板的下端两侧都有一个大裂缝。可以看见一双邪恶的绿豆小眼睛从一个缝隙里闪现。这是条黑蛇，慢慢地爬了出了大约一英尺，头上下摆动着。狗静静地爬着，而这女人一动不动地坐着。那蛇又窜出了一英尺。她举起棍子，那蛇好像突然意识到有危险，于是从木板另一端的缝隙里探出头来，然后尾巴也露了出来。那狗一跳，嘴张大了一咬，可是没有咬上。因为他的鼻子太大，而蛇的身体紧贴着壁板和地面形成的夹角处。当蛇的尾巴转过来的时候，他又啪的一声咬了一口。现在它抓住了，把它拽出了 18 英寸。砰，砰两声。这狗又拉了一下，把蛇整个拉了出来，这是一条五英尺长的黑色长蛇。这蛇抬起头来猛咬，但狗已经咬住了脖子。而且这狗又大又重，像小猎犬一样敏捷。它拼命摇晃着那蛇，仿佛同样体会到了人类对于这蛇的原始诅咒。这时老大也醒了，抓起棍子，想从床上爬起来，但他的妈妈用一把铁棍阻止了他。只听到，砰，砰两声——蛇被打成了几截。砰，砰，又是两声，它的头也被打碎了，而狗的鼻子又挨了棒子。

她用棍子挑起蛇的尸首扔到了火里，然后把木柴堆了堆，看着蛇被烧掉。那男孩和狗都看着。于是她用手摸了摸狗的头，鳄鱼黄色的眼睛里，那凶猛、愤怒的光芒也就消失了。较小的孩子们安静下来了，很快就又睡着了。把腿搞脏了的男孩，穿着衬衫站了一会儿，看着炉火。过了一会儿，他抬头看了看她，他见到了妈妈眼里噙满了泪水，他伸出胳膊搂住她的脖子，大声喊道：

“妈妈，我以后再不会去开车了，如果去了，你就揍我!”

妈妈把他拥入她疲惫的胸膛，亲吻了他。这时灌木丛上晨光微露，他们就这样坐在这晨光里。

《牧羊人的妻子》
英文赏析

24 全副武装的狗

◎亨利·劳森

戴夫·里根、吉姆·本特利和安迪·佩奇在斯托尼溪流边凿了一个井，以寻找附近可能存在的富含黄金的石英矿藏。这丰富的石英矿藏就在附近，而唯一的问题是，它是在地下十英尺还是几百英尺，还有就是在哪个方位。他们挖到了些相当坚固的岩石，还有地下水，让他们打包送出矿坑。他们使用老式的炸药和定时引信，然后用结实的白布或帆布做成像香肠或弹药筒的爆破炸药，缝上口，将引线的末端绑在炸药口上。他们会把炸药放在熔化的牛油中使它不会渗水，钻孔要保持尽可能干燥，在炸药里放入一些干的土，然后用硬黏土和碎石填埋好。接下来他们点燃导火索，从洞里出来，等待着爆炸。通常是竖井底部被炸出一个难看的坑，还有半车炸碎的石块。

小溪里有很多鱼，有鳊鱼、鳕鱼、鲶鱼和剪刀鱼。他们几个都喜欢鱼，安迪和戴夫尤其喜欢钓鱼。如果偶尔鱼饵在二十分钟里被轻轻咬一口，安迪就会坚持钓上三个小时。“屠夫们”如果能捕到更多的鱼，是不会吝惜肉的；但现在是冬天，这些鱼不上钩。然而小溪很浅，可见一连串的泥泞的水坑，有的水坑储水量小，有的水坑比较大，水深有六七英尺。小水坑他们可以将水舀出来捕鱼，大水坑就得搅水，直到鱼浮出水面。有一种鲶鱼，头的两侧长着尖刺，戴夫说如果你被戳到，你就知道是这种鱼了。一天，安迪脱下靴子，卷起裤子，走进一个水坑，用脚搅起泥浆，他知道这一点。戴夫用手捞出了一条出来，他自己也知道是鲶鱼，因为他也被扎了一下。他的胳膊肿了起来，疼痛感从肩膀直达腹部，戴夫说这痛就像他有一次牙痛，疼得他整整两个晚上都睡不着觉，只是牙痛痛得带有“钝钝”的感觉。

这时戴夫想出个主意。

“为什么不用炸药把大水坑里的鱼炸出来呢？”他说。“我来试试。”

他想出了这个好主意，就由安迪·佩奇来实施。如果戴夫的主意可行的话，安迪通常会付诸实践，如果行不通，他也会承担失败的责任并取笑他的同伴们。

他做了一个大约比他们在岩石中使用的炸药大两倍的爆破筒。吉姆·本特利说它大到足以把河底炸平。炸药里是用结实的印花布包裹；安迪把一根六英尺长的引信插进火药里，然后用马裤呢绳把袋子口紧紧地绑上。他们的想法是把炸药筒沉到水里，导火索的一端连着一个浮漂漂在水上，用来点火。安迪把炸药筒浸在融化的蜂蜡里来防水。“我们在点燃炸药之前，要先把它放一段时间，”戴夫说，“我们把它放进去，等鱼有时间恢复平静，然后又开始游来游去。所以我们要保证它的防水性。”

安迪根据戴夫的建议，在炸药周围绑上一条用来做水袋以增加爆炸力度的帆布，然后在上面粘上几层硬牛皮纸，这种办法是用来制成一种我们称之为“左轮枪”的烟花。他让纸在阳光下晒干，然后在上面缝上两层帆布，然后用结实的钓鱼线把那东西从头到尾绑起来。戴夫的想法虽然设计精心，但他常常把他的小把戏搞砸。这炸药筒已经足够坚固，成了一种无坚不摧的炸弹；但安迪和戴夫还想再使这炸药威力大些。于是安迪又缝了一层帆布，把这炸药筒浸在融化了的牛油里，又在上面绕了一段铁丝，最后又浸了一遍牛油，小心翼翼地靠在一个帐篷木桩上，这样他就会知道在哪儿能找到它。然后他把导火线松散地绕在这炸药筒上。然后他到篝火边去试吃一些在他们的夹袄里的土豆，并想办法炸一些排骨作为晚餐。那天早上戴夫和吉姆当班作工。

他们有一只黑色的猎犬，确切地说，是一只又大又愚蠢的四条腿的狗，它总是在他们周围流着口水，用它那沉重的尾巴像鞭子一样甩打着他们的腿。它的脸庞是红的、傻乎乎的，嘴角流着口水在笑，它很赏识自己的呆傻。它似乎把自己的生命、这世界、还有它两腿走路的伙伴以及自己的本能都当作一个巨大的笑话。它会把所有东西都捡回来，它将安迪扔掉的大部分营地垃圾都捡回来。他们有一只猫在炎热的天气里死了，安迪把它扔到了很远的灌木丛里。一天清晨狗发现了已经死了一个星期左右的猫，将它带回到营地的帐篷里，这样可以让人们都知道它，因为，当它的伙伴们刚刚起床，就会闻到夏日里清晨这令人作呕的气味。它过去常常在他们下水游泳时来找他们；它会跟着他们跳下水去，把他们的手叼在嘴里，试着和他们一起游出去，还会用爪子抓他们赤裸的身体。他们爱它的善良和它的愚痴，但当他们想要自由的时候，他们就不得不把他拴在营地了。

整个上午，这狗都饶有兴趣地看着安迪制作爆破筒，想帮他一把，却显然适得其反。

到了大概中午的时候，它就去了矿场，去看看戴夫和吉姆干得如何，然后回来和他们一起吃晚饭。安迪看到他们回来了，就在火上烧了一锅羊排。今天安迪是轮班厨师。戴夫和吉姆背对着炉火站着，就像当地人在任何天气里那样，等着晚饭准备好。那只猎犬还是四处嗅着，寻找自己所需的东西。

安迪的思想仍然还想着那爆破筒；他的眼睛停留在灌木丛中一个亮闪闪的空煤油罐上，他突然想到，可以将爆破筒同黏土、沙子或石头放在罐子里，以增加爆炸的威力，这主意倒不坏。从科学的观点来看，他也许已经竭尽全力了，但是这个想法在他看来是没有问题的。顺便说一句，吉姆·本特利对他们那该死的蠢事并不感兴趣。安迪发现空的蜜糖罐，它的口部有小口或小嘴，为方便倒出蜜糖，这可以做最好的爆破筒盒：他只需要倒入火药，把导火线从口部送入，最后用软木和蜂蜡封住就行了。他正要转身向戴夫提出这个建议时，戴夫回头看了看排骨怎么样了，然后跑了过去。他解释说，他好像听到了锅里有“哗啦哗啦”的声音，去看看排骨是不是烧糊了。这时吉姆·本特利回头一看，也追上了戴夫。安迪一动不动地站着，盯着他们。“快跑！安迪！快跑！”他们也冲他大喊。“快跑！看你后面！你这个傻瓜！”安迪慢慢地转过身去，看了看，就在他身后，那只猎犬叼着爆破筒，咧着嘴傻笑着。然而，这还没有完。这狗正绕过火堆来到安迪身边，那根导火线松开了，一端在燃烧着的树枝上拖着，摇摆着地拖入火焰中了。安迪把引信的点火端割了个口子，现在它正发出嘶嘶声，火星直冒。

安迪撒腿就跑。可以说他的腿比他的头脑还要早开始行动了，他向戴夫和吉姆的方向跑去。狗紧跟在安迪后面。

戴夫和吉姆都跑得很快，吉姆短距离跑得最好；而安迪因为体重较重跑得慢，但他有体力，还是顺风，他还能坚持下去。那只狗围着他又蹦又跳，就像在寻找他的伙伴一样高兴，它认为这是在嬉闹。戴夫和吉姆不断朝背后嚷嚷："别跟着我们！别跟着我们，你这傻瓜！"但无论他们如何躲避，安迪还是跟了上来。他们和那只狗一样，都无法解释为什么他们要互相追赶，但他们就这样跑着，躲闪着。戴夫跟着吉姆转来转去，安迪跟在戴夫后面，狗围着安迪转来转去，燃烧着的导火线四处嗖嗖地响着，嘶嘶地噼啪作响，散发着刺鼻的火药味。吉姆喊戴夫不要跟着他，戴夫喊安迪向另一个方向分散开跑，安迪咆哮着叫狗回窝。这时，危险迫使安迪向狗踢了一脚，但狗躲开了；他抓起木棍和石头朝那只狗扔去，又继续往前跑。这狗发现安迪不是它要追的，就撇开他，追上了戴夫。戴夫思忖着导火线还没有烧到头，就猛扑向那狗，抓住了它的尾巴，他猛地一转身从狗嘴将爆破筒抽出来，把它扔到远处，而狗却立刻追上那爆破筒，把它叼了回来。戴夫对着那只狗又吼又骂，狗发现戴夫气疯了，就撇开了他，追上了遥遥领先的吉姆。吉姆爬上了一棵小树上，就像这里的熊一样。那是一棵小树苗，吉姆只能安全地爬到离地十到十二英尺高的地方。那只狗把爆破筒小心翼翼地放在树苗根部，就像放一只小猫一样，然后它在吉姆身下又蹦又跳，欢快地叫个不停。那只大狗以为这是嬉戏的一部分，它可没事了，吉姆可要"疯狂了"。导火线燃烧得听起来快如闪电。吉姆试图爬得更高些，结果树苗被压弯断了。吉姆摔了下来，然后跑开来了。那只狗立刻叼上爆破筒，紧追他不放。这一切就发生在一瞬间。

吉姆跳进了一个挖掘机挖的大约十英尺深的洞里，他落到了软泥上，平安无事。

那只狗在洞边上对他嘲笑着，似乎认为把爆破筒扔到吉姆身上是个好主意。

“走开，汤米，”吉姆有气无力地说，“走开。”

那只狗于是开始追戴夫了，因为现在只能看到他一个人了。安迪趴在一根木头后面，脸朝下趴在那里，他脑子里想着俄土战争的一幅画面，一群土耳其士兵脸朝下趴在一个刚刚落下的炮弹旁（好像他们感到很惭愧）。

要说的是，在主要道路上的小溪旁，有一个小旅馆或棚屋，离矿场不远。戴夫很绝望，在他心里盘算的时间要比在现实中的时间快得多，所以他向小旅馆跑去。阳台上和酒吧里随便坐着几个当地人，戴夫冲进酒吧，砰的一声把门关上了。“我的狗！”他喘着气，只见酒馆老板惊讶地看着他，“那该死的狗嘴里叼着一颗点燃的爆破筒。”

那只狗发现前门关着，就从后门跳了进来，现在站在过道的门口嗤笑着，嘴里还叼着爆破筒，那导火线噼啪燃烧着。于是，他们从那家旅馆冲了出来。汤米一个人一个人地追着，这只不大的狗，想和每个人都表示友好。

当地人向拐弯跑去，有几个人跑进了马厩里，将门关上。后院里有一排新的棚面板和瓦楞铁制的厨房和洗衣房，有些妇女在里面洗衣服。戴夫和酒吧老板匆匆挤了进去，关上了门。酒吧老板咒骂着戴夫，破口大骂他是红鬼呆子，并问他到底来这儿干什么。

那只猎犬钻进了厨房下面的一堆东西里，但是，幸运的是，里面有一只恶毒的黄色杂种牧牛狗，在脏乱的环境里较劲。这只狗行踪鬼祟、打架，还偷东西，多年来邻居们一直想把它打死或毒死。汤米看到了这条狗会威胁到它，就想穿过院子，嘴上还叼着那爆破筒。在院子的中间，黄狗追上了它并咬了它一口。汤米丢下了那爆破筒，惊恐地大叫一声，向灌木丛跑去。黄狗追到围栏，然后跑回去看汤米丢掉的是什么东西。这时又有十来只狗从楼里的各个角落跑过来，它们是像蜘蛛一样的，偷偷摸摸的冷血袋鼠狗，混种的牧羊狗和牧牛狗，还有黑黄相间的恶狗，它们在黑暗中跟在你后面溜，舔你的脚后跟，然后莫名其妙地就跑掉了，还不停地狂吠，叫个不停。这些狗围着这条令人作呕的黄狗，保持相当远的距离，因为当它以为自己找到了食物时，最好是离它远点。他闻了两下那爆破筒，正要小心翼翼地闻第三次的时候，只听……

这是一种很好的火药，是戴夫刚从悉尼买来的新牌子；爆破筒做得非常好。安迪做每一件事都既耐心又细心，他使用了针、麻线、帆布和绳子，同熟练的水手一样灵巧。

当地人说，厨房被震得跑偏了行，然后又复了原。烟雾和灰尘消散时，那黄狗的残肢挂在了院子里的木栅栏上，看起来就仿佛被马踢到了火里，再在手推车下碾压，最后从远处扔到栏杆上的。当时拴在阳台上的几匹供人骑的马，在尘土飞扬的路上狂奔着，挣断了的缰绳在空中飞舞。再向外看，从矮树丛的每一个角落里，都传来了狗的痛苦的狂吠声。其中有两只狗逃回到三十英里外它们出生的地方，当天夜里才到，就停在那里。到了傍晚时分，其余的狗才小心翼翼地回来碰头打听出了什么事。一只狗试着用两条腿走路，大多数的狗或多或少烤焦了毛；一只烧焦了的短尾巴的小狗，一直以来用一条腿跳来跳去，现在有理由为它这么多年来保住了另一条腿而感到高兴，因为它现在需要它。多年以后，有一只独眼的老牧牛狗围着那间小旅馆转，它无法忍受清洗枪支时的气味。他对炸药的敏感仅次于那条被炸死的黄狗。当地人说，如果从它眼瞎的那一边悄悄溜过去，把一根肮脏的推弹杆（旧时用来将火药推进枪支）插在他的鼻子底下，才有趣哪，它会立刻转过那只独眼珠子，随即它会跑到灌木丛中去，一整晚不敢回来。

爆炸后大约半个小时，在马厩周围的几个当地人，有的半蹲着，蜷缩着身子靠在墙上，有的在泥土里慢慢地滚来滚去，吓得嘴张得很大。屋子里两个白人妇女也狂呼乱叫，还有一个混血妇女拿着一勺冷水，漫无目的地跑来跑去。

酒馆老板紧紧地搂着他的妻子，只听她大声尖叫着，老板对她吼道：“看在我的份上挺住，玛丽，不然我要下狠手了。”

戴夫决定晚些时候道歉，“等事情平息下一点”，他就回矿场营地去了。这场闹剧的主角，“汤米”，这了不起的，愚痴的杂种猎犬，绕着戴夫身旁，滴着口水，尾巴抽打着他的腿，一路小跑跟着他回家了。这狗可爱地笑着，嘴角张得老大老长，脸上红彤彤的，显然是对当天下午所干的好事得意洋洋。

安迪把狗拴牢，又做了一些排骨，然后，戴夫去帮助吉姆从矿洞里出来。

多年以后，瘦长、随和的当地人会散漫地骑着马经过戴夫的矿场营地，他会慢吞吞地喊一嗓子：“喂，戴夫！鱼钓得怎么样了，戴夫？”嗓音里带有轻微的鼻音。

《全副武装的狗》
英文赏析

25 你是我的天使

◎威廉・S. 吉尔伯特

我是一个可怜的家伙，瘫痪多年，一张床或者一张沙发便是我的栖身之所。六年以来，我孤身一人蜗居在一间小屋内，窗外即是威尼斯城的一条小水巷，只有一个聋了的老妇照顾我的日常饮食起居。我将自己临摹的关于花卉水果的水彩画（这也是威尼斯最便宜的临摹物件了）交给我在伦敦的一个朋友，托他卖给一个画商换些小钱，勉强一年能够大约有三十英镑的微薄收入。但是，总的来说，我对自己的生活感到快乐满足。

我有必要详细地描述一下我房间所在的位置，房间只有一扇窗户，窗户往下五英尺（1.5 米）就是水巷的水面，而在窗户之上，房子悬挑出水面，大约有六英尺（1.8 米）长，悬挑的部分由打入水巷河床的结实桩子撑起。这样的布局给我带了一个不便（还有其他不便），那就是遮住了我向上看的视野，只能看到正对面房子不超过十英尺高（3 米）的部分，然而，虽然身体残疾，但是若尽我所能，对于窗下这条不足 15 英尺（4.5 米）宽的水巷，我还是可以看见窗户两侧相当长一段距离内的风景。但是，虽然我不能一窥对面房子的全貌，却可以看见其在水巷中的倒影，其内的住户不时地在阳台或床侧显露身影（总是上下倒置的），这一颠倒的图景让我很是痴迷。

当六年前我刚搬入此屋时，我即注意到了一个倒影，是一个约莫 13 岁的小姑娘（我尽力猜测的），她每天都出现在阳台上，而这个阳台却又刚刚超出我的视野范围。每当天气晴的时候，从早到晚，她就会一直坐在那里，努力地工作，座位之侧摆放着一张小桌子，桌子上放着一瓶花和一个十字架，据我的推断，她以做针线活为生。不用说，她肯定是一个勤奋的小姑娘，通过她的倒影，如果我没猜错的话，一定衣裙整洁，漂亮动人。她有一个患病的老妈妈，在暖和的日子里，老妈妈会在阳台上坐在她身旁，小姑娘会为老妈妈披上围巾，拿枕头塞在她的椅背作为靠垫，拿小凳子为妈妈垫脚，偶尔小姑娘会放下手中的活计，亲吻轻抚母亲一小会儿，然后拾起活计重新工作，而这一切都让我感到着迷。

时光流逝，小女孩长大成了好一位年轻女子，她的倒影也变长了，我猜，她现在有十六七岁了吧。每天，我只能在一天中最明亮的几个小时内工作，所以我有大把的时间来观察她，能够尽情地在脑海中编织她的美丽形象，当然，很大程度上，这份美丽只是我的一厢情愿。我看到了，或者说我幻想自己可以看到，她开始注意我的倒影（当然，我们俩能互相看见对方的倒影）。有一天，在我看来她正在直视着我的倒影，也就是说，她的倒影在看我，我使劲地向她点头致意，让我狂喜的是，她的倒影也在向我点头回应。这样，我们的倒影互相熟悉了起来。

每天早晨老妇都会将我从床上移到窗侧的沙发上，等到傍晚她离开阳台回去休息时再将我搬回床上，我很快就爱上了她，但是除了向她点头问候外，很长时间内我都不敢打定主意越雷池一步。然而有一天，当我注意到她的倒影在看我的倒影时，我便向她点头致意，接着向水中掷了一枝花，她向我点头了几次以作回应并将刚才所发生之事告诉了她的母亲。这样，每天早上我会向水中掷一枝花作为早上问候，傍晚再掷一枝致以晚安，没过多久，我便发现我所做的这些并非徒劳无功，因为有一天她也对着我的花掷了一枝。当看到两枝花叠在一起并随水流走时，她拍手大笑。就这样，每天早晨和傍晚，我们都会互掷花朵，当两朵花相叠时我们都会拍手庆祝；但是当其中的一枝花被障碍物分开而不能一起同行时，她会举起双手假装很失望，而我也会尽力去模仿她的动作，尽管显得很英式也并不成功。而当花朵被过往的贡多拉粗鲁地撞上之时，她会假装哭泣，我也会效仿她。这时，她会以手指天，手势颇为悦目，表示这是上天的旨意让我们的花儿变得残破；我也会同样，以并没那么好看的手势，告诉她下一次老天会仁慈点，或许明天我们的花儿运气就会变好。如此这般，我心中纯真的情愫开始慢慢酝酿。一天，她向我展示并亲吻了一个小十字架，我也亲吻起总随在我身旁的一个小的银质十字架，这样，她便已知晓，我们心中信仰同一位神。

有一天，少女并没出现在阳台上，随后的几天也不见踪影，虽然我还是照常掷花表意，但却形单影只，无花为伴。然而，过了一段日子，她又回来了，身着素服，哭声经常可闻。如此我便得知，这位可怜人儿的母亲已经过世，她将在世间无依无靠。之后的很多天，她不再回掷花朵，也不再现身致意，只是寄情于工作，不时以手帕拭泪。她的对面即摆放着她母亲生前坐的那把椅子，我不时可以发现，她会停下手头的工作，凝视着椅子，继而泪如泉涌，抚慰受伤的身心。最终有一天，她起身向我点头，花儿也伴之而来；日渐一日，我也投花致意，花儿们也如从前过往般凭机缘际会随波流逝。

但是，一个年轻帅气的贡多拉船夫的到来却是我生命中最黑暗的日子，这个船夫笔直地站立在船头（因为我能亲眼看到他），操作着船橹沿屋穿行，停在她所在的阳台处倚身和她交谈。看起来他们像老朋友般交谈，事实上，我能看出，他全程牵着她的手，一共交谈了半个小时。最终，他摇船离开，却留我在心中黯然神伤。但是，我很快感恩起来，因为船夫一离开视野，年轻的少女即掷出一束结于单根茎上的两朵花来，起先我不知其意，最后才醒悟，原来她想向我表明他们俩是兄妹，我无须为此伤神。然后，我向她快活地点头，她也向我点头，笑得很大声，我也大笑回应，一切又复如从前美好起来。

随后，由于治疗的需要，我被完全囿于病床之上多日，这对我来说是一段黑暗沉郁的日子。我开始变得焦虑和烦躁起来，觉得我和她将无法再见面，更糟的是，她会认为我是不辞而别。当夜晚来临，我躺在床上思索如何才能使她明白我的真心，脑海中打定了众多可行的主意，但是一觉醒来，却觉疯狂而不切实际。有一天，对我来说真是美好的一天啊，照料我的老妇告诉我，一位船夫在向她打听那位英国的先生是否已经离开或者过世。我因此知晓她一直都在心中记挂着我，而且她的哥哥肯定也已告知了她我的困境。

从那天起，以及随后我在病床上养病的三周，每天早上都会有一束花置于我的窗台，窗台之低可以让人轻易从船中触碰到。当我最终可以活动时，我坐在窗边的沙发上，像往常那样，她看见了我，她头下脚上地颠倒着（从我的角度看），开心地拍着手，喜悦之情并不输于我。那位船夫穿过我窗前时，我第一次向他打招呼，于是他停在我的窗边，满面笑容地告诉我，他很高兴见到我的身体复原。我向他以及他的妹妹表达谢意，谢谢他们在我治病期间的诸多好意。而且，我从他口中得知了她的名字叫作安吉拉，也知晓了她是全威尼斯最美最纯真的少女，每个人都会为能够成为她的哥哥而感到高兴，但是他却比做她的哥哥更感到高兴。因为他即将要娶她为妻，事实上，他们明天就将举行婚礼。

我的心跳加速简直快要爆炸了，一时间，我听不见其他，只能听见热血流经全身血管的声音。最终，我吃吃地送上了几句蹩脚的祝福话语，而他询问我明天待他们从教堂归来后，是否可以带着他的新娘来看望我，随后，他哼着欢快的小调驾船离去。

他说："我的安吉拉自从她还是孩子时就认识你了，她经常向我谈起那个虔诚又可怜的英国天主教徒，年复一年只能终日躺坐在窗前的沙发上。她不停地倾诉着，希望有朝一日可以和他交谈并安慰他，当有一天你向水巷中掷出一枝花时，她问我她是否也可以回掷一枝，我告诉她可以，因为他会理解，这是一朵向遭受痛苦之人表示同情慰问的花朵。"

我这才知道，那不是爱，只是同情，只是貌似爱情的同情。这份同情使她愿意去关心我的福祉，但也仅此而已。

我之前所认为的结于一根茎上的两支花其实只是两支花扎在一起而已（但我没有分辨出来），它们的本意是想告诉我，他们是一对订婚了的爱人。而我对这束花的喜悦反应却使她感到高兴，因为她认为这是我在为她表示祝福。

第二天，这位船夫以及众多的船友们，穿上节日的盛装，摇船而来；而安吉拉，坐在他的贡多拉上十分开心，脸上绯红，洋溢着幸福。随后，他俩进到我蜗居的屋子，进入我的房间（感觉好奇怪啊，因为这些年都是倒着看她，这是第一次看到她头上脚下地立着)，她愿我幸福，身体快快好起来(那是不可能的)。我语不达意，眼含泪水，将随在我床前或桌上多年的银质小十字架送给了她，安吉拉虔诚地收下，画十祈祷，亲吻它，然后随其兴高采烈的新郎一同离去。

船夫们伴着歌声渐行渐远，慢慢消逝在远处，日渐西沉，在我周围投下一片阴影。我能感觉到，他们在唱着的是一首挽歌，悼念那曾入我心的唯一的爱情。

《你是我的天使》
英文赏析

26 胎　记

◎纳撒尼尔·霍桑

我们的故事发生在 20 世纪的后半叶，有一位科学家，他精通自然哲学的各个领域。不久前，他体会到人们本身的亲密关系比化学科学里各元素的亲密关系更来得有趣，所以，他把实验室交给了一位助手照料，从他俊俏面容上洗净了烟灰，然后，洗去了手指上的酸渍，还讨了一个漂亮女人当他的妻子。那时候，人类已经发现了电和其他自然奥秘，似乎打开了通往奇迹领域的道路。在深度和吸收能量方面，对科学的爱可以同对女人的爱相媲美，这一点再正常不过了。更高的智力、更丰富的想象力、更深邃的精神和心智都在探索中找到适宜的养分，而且一些热心的爱好者认为，这养分会使人们的智力一步步提升，直到科学家掌握造物的秘诀，为自己开创一个新世界。我们不知道艾尔默是否对人类最终成为主宰有这种程度的信心。然而，他把自己毫无保留地投入科学研究中，任何其他的诱惑都不能使他脱离科学研究。他对他年轻的妻子的爱可能是两者中较强烈的。但这只能通过把自己和他对科学的热爱交织在一起，并把后者的力量和他自己的结合起来实现。

这样的结合就这样发生了，并带来了真正显著的后果和深刻的道德影响。结婚后不久的一天，艾尔默坐在那儿凝视着他的妻子，他的脸上带着一种越来越强烈的烦恼，直到他开口说话。

“乔治亚娜，”他说，“你就从来没想到你脸上的伤疤是可以擦掉的吗？”

“不会的，真的，”她笑着说，但是看到他态度严肃，她的脸就红了。“跟你说实话吧，人们常常把它称为一种魔力，我很简单就以为它可能是这样。”

“啊，也许在另一张脸上，”她的丈夫回答说，“但绝不是你的。不，最亲爱的乔治亚娜，你几乎是完美无缺地从大自然之手而来，以致有这么一个小小的缺陷（我们还不知道该称它为缺陷还是美丽），作为世人缺陷的明显标志，使我大为震惊。”

“让你震惊了，我的丈夫！”乔治亚娜伤心欲绝地叫道。

起初因为一时的愤怒而脸红，但随后就大哭起来。“那你为什么要把我从母亲身边带走？你不会喜欢让你震惊的东西！”

为了解释这次谈话，必须指出在乔治亚娜左脸颊的正中央有一个独特的印记，仿佛与她脸庞的结构和实质深深地交织在一起。在她平时的肤色上—— 一朵健康而娇嫩的花朵——那块痣上还带有一种更深的深红色，在周围的玫瑰色中，不太清楚地勾勒出它的形状。当她脸红的时候，红晕渐渐变得模糊起来，最后消失在胜利奔涌的鲜血之中。鲜血把整个脸颊都染得通红。但是，如果有什么移动动作使她的脸色变白，那又是一个标记，雪地上的一个深红色的污点，艾尔默有时认为这是一种几乎可怕的清晰。它的形状与人的手有许多相似之处，尽管它的尺寸是最小的侏儒。乔治亚娜的情人们总说，在她出生时，有个仙女把她的小手放在婴儿的脸颊上，留下了这个印记，象征她有魔力支配所有人的心。许多孤注一掷的乡巴人会冒着生命危险，去亲吻那只神秘的手。

然而，不可隐瞒的是，由于观看者性情的不同，这个仙女的手势给人的印象也大不相同。有些爱挑剔的人——但都是属于乔治亚娜的性别——肯定说那只他们所谓的血手完全破坏了乔治亚娜的美貌，甚至使她的容貌变得可怕。不过，我们也可以说，最纯洁的大理石雕像上有时会出现的那种蓝色的小污迹，会把异能之夜变成怪物。男性化的观察者们，如果那胎记没有增加他们的羡慕，他们就会满足于希望它消失，希望世界上能有一个完美的可爱的活标本，没有一点瑕疵。在他结婚后（因为他以前很少或根本没有想过这件事）艾尔默发现这是他自己的情况。

她不漂亮，如嫉妒的自我会发现还有别的冷笑，他可能会觉得自己的感情加剧了这种模拟的漂亮的手，现在模糊地描述，现在失去了，现在又偷出来，泛着微光来回每脉冲在她的心跳动的情感；但是，想象着如果没有这个缺陷她会是多么美丽，他觉得他们婚后的每一刻都变得越来越难以忍受。这是人类的致命缺陷，大自然以这样或那样的方式，在她所有的作品上烙上了不可磨灭的印记，要么暗示它们是暂时的和有限的，要么暗示它们必须通过劳动和痛苦才能达到完美。那只绯红的手表示，死神不可避免地抓住了人世间最高尚、最纯洁的人，把他们贬为最卑贱的人，甚至是最兽性的人的同类，而这些人的可见的躯体就会化成尘土。就这样，艾尔默选择了将胎记作为他妻子罪恶、悲伤、衰败和死亡的象征，他忧郁地想象不久就把胎记变成一个可怕的东西，给他带来的麻烦和恐惧超过了乔治亚娜的美貌，无论是心灵上的还是感官上的，给他带来的快乐。

在他们本该最幸福的季节里，他总是不由自觉地、不顾一切地老是提起这一灾难性的话题。虽然它起初显得微不足道，但它却与无数的思想和情感联系在一起，因而成为一切的中心。随着黎明的曙光，艾尔默睁开了眼睛，看到了妻子的脸，认出了不完美的象征；当他们一起坐在晚炉边时，他的眼睛偷偷地转到她的面颊上，看到了在柴火的火焰中闪烁的那只幽灵般的手，在他渴望崇拜的地方写下了死亡。乔治亚娜很快就学会了对他的凝视不寒而栗。只要他带着他脸上经常带着的那种特殊表情瞥她一眼，她面颊上的玫瑰就会变成死一般的苍白，而在这种苍白之中，她那只深红色的手却显得格外突出，就像最洁白大理石上红宝石的浅浮雕。

一天深夜，天色渐暗，为了不让可怜的妻子脸上的污点暴露出来，她第一次主动提起这个话题。

"你还记得吗，我亲爱的艾尔默，"她说，勉强笑了一下，"你还记得昨天晚上做过一个关于这只讨厌的手的梦吗？"

"没有！什么也没有！"艾尔默回答，吓了一跳；但随后他又用干冷的声调说，为了掩饰自己真正的感情，他装出一副很做作的样子。"我可能梦到过，因为在我入睡之前，它牢牢地占据了我的幻想。"

“你梦见了吗？”乔治亚娜急忙接着说。因为她害怕涌出的眼泪会打断她要说的话。“一个可怕的梦！我想知道你能忘记它。有可能忘记这个表达吗？‘现在它在她心里了，我们一定要搞清楚！’回想一下，我的丈夫；因为我一定要你回忆起那个梦。”

当一切都牵涉在内的睡眠不能把她的幽灵限制在她的控制范围内，而是任凭它们突兀出来，用也许属于更深层次的秘密来吓唬现实生活时，人们的思想就处于一种悲哀的状态了。艾尔默现在记起了他的梦。他幻想自己和他的仆人阿米纳达达在一起，试图做一个去除胎记的手术；可是刀越捅越深，手也陷得越深，直到最后它的小手似乎抓住了乔治亚娜的心；可是她的丈夫却坚决要把她的胎记剪掉或拔掉。

当这个梦在他的记忆中完美地形成时，艾尔默带着一种内疚的感觉坐在他妻子的面前。真理常常会裹着睡袍进入我们的头脑，然后毫不妥协地直接说出我们在清醒时无意识地自我欺骗的事情。直到现在，他还没有意识到，一个念头竟会对他的头脑产生如此专横的影响，他也没有意识到，为了使自己平静下来，他在心里可以走多远。

“艾尔默，”乔治亚娜继续严肃地说，“我不知道我们俩要付出什么代价才能帮我除掉这个致命的胎记。也许它的切除会导致不可治愈的畸形；也可能是污点和生命一样深。再说一遍，我们是否知道，无论如何，有可能松开在我来到这个世界之前就抓住我的那只小手呢？”

“亲爱的乔治亚娜，这个问题我想了很久了，”艾尔默急忙打断他。“我相信把它去掉是完全可行的。”

“只要有一丝可能性，”乔治亚娜继续说，“就不论冒什么危险去尝试吧。危险对我来说无足轻重；虽然这可恨的记号使我成为你恐惧和厌恶的对象，但生命是一种负担，我愿意愉快地把它抛下去。要么把这只可怕的手拿开，要么就取了我这可怜的命！你有深刻的科学知识。全世界都见证了这一点。你们创造了伟大的奇迹。你就不能把这个小小的印记去掉吗？我是用两个小手指指尖擦掉的。为了你自己的安宁，为了把你可怜的妻子从疯狂中救出来，难道这超出了你的能力范围吗？”

“最高贵，最亲爱的，最温柔的妻子，”艾尔默欣喜地喊道，“不要怀疑我的力量。我已经对这件事做了最深刻的思考，这几乎可以启发我去创造一个不如你完美的人。乔治亚娜，你带领我比以往任何时候都更深入科学的核心。我觉得自己完全有能力使这张可爱的脸和它的同类一样完美无瑕；那么，最亲爱的，当我纠正了大自然在她最美丽的工作中留下的缺陷，那将是我的胜利！即使是皮格马利翁，当他那雕塑般的女人获得生命时，也不会比我感到更大的狂喜。”

“那就决定了，”乔治亚娜说，微微一笑。“还有，艾尔默，不要饶恕我，尽管你最终会发现胎记在我心里得到了庇护。”

她的丈夫温柔地吻了吻她的脸颊（她的右脸颊），没有那只深红色的手的印记。

第二天，艾尔默告诉他的妻子，他已经制定了一个计划，这样他就可以有机会进行紧张的思考和持续的警惕，这将需要拟议的行动；而乔治亚娜也会得到成功所必需的充分休息。他们隐居在艾尔默用作实验室的宽敞公寓里。在他艰苦的青年时代，他在那里发现了大自然的原始力量，这引起了欧洲所有学术团体的赞赏。这位面色苍白的哲学家平静地坐在实验室里，研究了云层最高的地区和矿藏最深的秘密；他相信那些点燃并使火山之火继续燃烧的原因；

他还解释了喷泉的神秘之处，解释了这些喷泉是如何从大地黑暗的怀抱中喷涌而出，有的泉水明亮纯洁，有的泉水具有丰富的药用价值。早些时候，他也曾在这里研究过人体结构的奇迹，试图了解大自然吸收大地、空气和精神世界中所有宝贵的影响来创造和培育人类这一她的杰作的过程。后者追求，然而，艾尔默一直搁在不愿意承认真相打击所有人迟早 stumble—that 我们伟大的创造性的母亲，而她显然取笑我们的工作在最广泛的阳光，还严重小心翼翼地保守自己的秘密，而且，尽管她假装开放，给我们看的只是结果。的确，她允许我们损坏，却难得改正，而且像一个嫉妒的专利权人一样，决不去制造。然而，现在艾尔默又开始了这些几乎被遗忘的调查；当然，她们并没有像最初那样满怀希望和愿望；而是因为它们涉及许多生理上的事实，而且是在他提出的治疗乔治亚娜的方案中。

当他领着乔治亚娜跨过实验室门槛时，她冷得浑身发抖。艾尔默高兴地看着她的脸，想让她放心，但她苍白的脸颊上的胎记闪着强烈的光芒，使他吓了一跳，忍不住剧烈地抽搐了一下。他的妻子晕倒了。

“阿米纳达！阿米纳达！”艾尔默大叫着，重重地在地板上跺脚。

从里面的一间屋子里立刻走出一个人，他身材矮小，但体格魁梧，蓬乱的头发垂在脸上，被炉子的蒸气弄脏了。在艾尔默的整个科学生涯中，这个人一直是他的工作人员，他非常适合这个职位，因为他机械方面的准备和技术，虽然不能理解一个单一的原理，他执行他主人实验的所有细节。以他那魁梧的体格，他那蓬乱的头发，他那烟熏的外貌，以及他身上难以形容的土气，他似乎是人的肉体的代表；而艾尔默修长的身材，苍白的理智的面孔，也同样是精神元素的一种类型。

“打开闺房的门，阿米纳达，”艾尔默说，“烧一个发烧剂。”

“是的，主人。”阿米纳达回答说，目不转睛地看着乔治亚娜没有生命的躯体。然后他自言自语道：“如果她是我的妻子，我就不会放弃那个胎记。”

当乔治亚娜恢复知觉时，她发现自己呼吸着一种沁人心脾的芬芳，这种芬芳的柔和力量曾把她从死一般的昏迷中唤醒。她周围的景象就像被施了魔法。艾尔默把那些他在幽静中度过最辉煌岁月的、烟雾缭扰、昏暗的房间，改成了一套漂亮的公寓，不适合做一个可爱女人隐居的住所。墙上挂着华丽的窗帘，给人一种其他装饰品所不能比拟的庄严和优雅的感觉。当它们从天花板掉到地板上时，它们丰富而笨重的褶皱，隐藏了所有的角度和直线，似乎被封闭在无限空间的场景中。乔治亚娜不知道，那可能是云层中的一个亭子。艾尔默排除了会干扰他化学过程的阳光，用香水灯代替了它，香水灯发出各种颜色的火焰，但都融合在一种柔和的、不纯净的光辉中。此时，他跪在妻子身边，认真地注视着她，但并不惊慌；因为他对自己的科学很有信心，觉得他可以在她周围画一个魔法圈，任何邪恶力量都不能侵入。

“我在哪儿？啊，我想起来了，”乔治亚娜有气无力地说。她用手捂住脸颊，不让丈夫看见那可怕的伤疤。

“别怕，亲爱的！不要躲避我！请相信我，乔治亚娜，我甚至就为这一个缺点而感到高兴，因为能把它改正过来，可真是狂喜之至啊。”

“啊，饶了我吧！”他的妻子伤心地回答。“请不要再看它了。我永远忘不了那惊心动魄的颤抖。”

为了安慰乔治亚娜，而且可以说是把她的思想从实际事务的负担中解脱出来，艾尔默现在把科学在更深奥的知识中教给他的一些轻松有趣的秘密付诸实践了。飘缈的形体、绝对没有形体的思想和无形的美的形体在她面前跳舞，把它们瞬间的脚步印在光束上。虽然她对这种光学现象的方法还有些模糊的概念，但是这种错觉几乎足以使她相信她的丈夫支配着精神世界。接着，当她感到想从隐居中向外看一看的时候，她的思想立刻仿佛得到了回答，那外部存在的过程又在屏风上掠过。现实生活中的景物和人物都被完美地描绘出来了，但由于这种令人着迷而又难以形容的差别，使一幅画、一个形象或一个影子总是比原作更有吸引力。当厌倦了这一点，艾尔默吩咐她把她的眼睛投向一个含有大量泥土的容器。她照做了，起初并没有什么兴趣；但她很快吃惊地发现有一株植物的胚芽从土壤里冒出来，然后出现了细长的茎；叶子逐渐展开；在它们中间有一朵美丽的花。

“太神奇了！”乔治亚娜叫道。“我不敢碰它。”

“不，摘下来吧，”艾尔默回答说，“摘下来吧，趁你还可以的时候，细细品味它短暂的芳香。花一会儿就会枯萎，只留下褐色的种皮；但也可能因此而产生一个和它本身一样短暂的种族。”

可是乔治亚娜刚一碰这花，这棵植物就全枯萎了，叶子被火烧得像炭黑一样。

“刺激太强大了。”艾尔默若有所思地说。

为了弥补这次失败的实验，他建议用自己发明的科学方法为她画像。光线照射在一块抛光的金属板上，它就会受到影响。乔治亚娜表示同意，可是，看到这样的结果，她害怕地发现肖像的五官模糊了，说不清。这时，本该是脸颊的地方出现了一只细小的手。艾尔默抓起金属盘子，把它扔进一个装有腐蚀性酸的罐子里。

然而，他很快就忘记了这些令人难堪的失败。在学习和做化学实验的间歇，他满脸通红，精疲力竭地来到她身边，但似乎因为她的存在而精神焕发，用热情洋溢的语言谈论着他的艺术源泉。他讲述了炼金术士漫长王朝的历史，他们花了许多时间寻找普遍的溶剂，用这种溶剂可以从一切丑恶的东西中提炼出黄金原理。艾尔默似乎相信，按照最简单的科学逻辑，发现这种长期寻求的媒介是完全有可能的。"但是，"他又说，"一个哲学家如果能深入获得这种权力的地步，他就会获得一种崇高的智慧，而不会屈尊去运用这种智慧。"关于长生不老药的问题，他的见解也同样奇特。他不仅仅是暗示，他可以自行调制一种液体，可以延长人的寿命好几年，甚至无穷无尽。但是它会在自然界中引起不和谐，整个世界，主要是那些不朽的药神们，会找到诅咒的原因。

"艾尔默，你是认真的吗？"乔治亚娜问，带着惊讶和恐惧看着他。"拥有这种力量是可怕的，甚至梦想拥有这种力量也是可怕的。"

"哦，不要发抖，我亲爱的，"她的丈夫说。"我不会对你和我自己的生活造成这样不和谐的影响，但是我想让你想一想，相比之下，去掉这只小手所需要的技巧是多么的微不足道。"

一提到胎记，乔治亚娜照例畏缩了一下，仿佛有个烧红的烙铁碰到了她的面颊。

艾尔默再次致力于他的工作。她可以听到他在远处的熔炉里向阿米纳达指示方向的声音，他那粗糙、粗鲁、畸形的声音作为回应，与其说是人类的语言，不如说是野兽的咕哝或咆哮。几个小时后，艾尔默又出现了，建议她现在检查他的化学产品和地球上自然宝藏的柜子。他给她看了其中一个小瓶，他说，这瓶里有一种柔和而强烈的香味，能浸透整个王国的微风。这小瓶里的东西具有无法估量的价值。他一边说着，一边把一些香水洒在空气中，使房间充满了刺人的、令人振奋的喜悦。

"这是什么？"乔治亚娜指着一个装着金色液体的小水晶球问。"它看起来太美了，我可以想象它是长生不老药。”

“在某种意义上是这样的，”艾尔默回答。“或者，更确切地说，是长生不老药。这是世上调制出来的最珍贵的毒药。有了它的帮助，我就可以把你所指的任何一个人的一生分配给他。剂量的多少将决定他是会苟延残喘数年，还是会在呼吸中死去。如果我以我个人的身份，认为以千百万人民的福祉为理由来剥夺他的生命，那么，在他保卫的王位上的任何国王都不能保住性命。”

“你为什么留着这么厉害的药？”乔治亚娜惊恐地问。

“不要怀疑我，最亲爱的，”她的丈夫微笑着说，“它的善的力量仍然大于它有害的力量。但是看！这是一种强大的化妆品。滴几滴在瓶子里的水里，雀斑就可以像洗手一样轻易地洗掉。更强烈的注射会使脸颊上的血色消失，最红润的美人也会变成苍白的幽灵。”

“你是用这乳液来洗我的脸的吗？”乔治亚娜焦急地问。

“哦，不，”丈夫急忙回答：“这只是表面现象。你的案子需要更深入的补救。”

艾尔默在与乔治亚娜的谈话中，通常会详细询问她的感觉、房间的封闭程度和气氛的温度是否适合她。这些问题都有一种特别的倾向，乔治亚娜开始猜想她已经受到了某种身体上的影响，不是被芬芳的空气吸入，就是被食物带走。她还幻想（但这可能完全是一种幻想），她的身体正在萌动——一种奇怪的、模糊的感觉在她的血管里蠕动，在她的心田里隐隐作痛。因此，无论什么时候她敢于照镜子，都能看到自己苍白得像一朵白玫瑰，脸上还刻有深红色的胎记。现在就连艾尔默也不像她那样讨厌它了。

为了消除丈夫必须致力于组合和分析工作的无聊，乔治亚娜翻阅了他的科学藏书。在许多阴郁的旧书中，她遇到了充满浪漫和诗歌的章节。这些作品都是中世纪哲学家的作品，比如大阿尔伯图斯，Cornelius Agrippa，帕拉塞尔苏斯，以及著名的修士，他创造了先知。所有这些古代的博物学家都走在他们时代的前面，但是他们总有一种轻信的倾向，因此人们就相信他们，也许还以为他们从对自然的研究中获得了一种超越自然的力量，从物理学中获得了一种支配精神世界的力量。在《皇家学会学报》的早期卷中，人们的好奇心和想象力丝毫不减。在这些卷中，成员们对自然可能性的极限知之甚少，他们不断地记录奇迹或提出创造奇迹的方法。

他处理身体上的细节，就好像它们之外没有别的；他以对无限的强烈而热切的向往，使自己从唯物主义中解脱出来。在他的手中，连一块真正的土地也有了一个灵魂。乔治亚娜在阅读时，比以往任何时候都更加敬重和热爱艾尔默，但对他的判断不像以前那样完全依赖。

尽管他取得了许多成就，但她不能不注意到，如果把他所追求的理想与他最辉煌的成就相比的话，他几乎总是失败的。他最明亮的钻石不过是一堆小石子，他觉得和藏在他够不着的地方的不可估量的宝石相比，这是他自己的独到之处。这本书有很多成就，为其作者赢得了声誉，但也是凡人所写过的最忧郁的记录。这是一种悲哀的自白和不断的例证，说明了合成人的缺点，说明了被泥土和物质所累累的精神，说明了发现自己被尘世的人如此悲惨地阻挠而攻击更高的本性的绝望。也许每一个在任何领域的天才都能在艾尔默的日记中看到他自己的经历。

乔治亚娜想到这些，不禁把脸埋在那本打开的书上哭了起来。在这种情况下，她是被她的丈夫发现的。

"读巫师的书是危险的，"他微笑着说，尽管他的脸上有些不安和不悦。"乔治亚娜，这本书里有几页我几乎无法保持我的感觉扫一眼。要小心，以免对你有害。"

"这使我比任何时候都更崇拜你了。"她说。

"啊，等着这一次成功吧，"他回答说，"然后你就崇拜我吧。我将认为自己几乎配不上它。但是，来吧，我来找你，就是为了享受你美妙的声音。唱给我听，最亲爱的。"

于是，她用自己流畅的歌声来浇灭他精神上的饥渴。然后，他带着孩子般的欢天喜地离开了，并向她保证，她的隐居生活只会再持续一段时间，而且结果已经是肯定的了。他刚一走，乔治亚娜就不由自主地跟着他走。她忘记告诉艾尔默一种症状，两三个小时过去已经开始引起她的注意。那是致命胎记上的一种感觉，不是疼痛，而是使她整个身体不安的感觉。她赶忙追赶丈夫，第一次闯进了实验室。

首先映入她眼帘的是炉子，那个热烘烘的工人，炉火发出强烈的光芒，从上面堆积的烟灰来看，似乎是烧了好多年的火。有一个蒸馏器正在全面运转。在房间的周围是蒸馏釜，管，圆筒，坩埚和其他化学研究设备。一台电机可以立即使用。空气闭塞得令人窒息，充满了经过科学研究不断散发出来的气味。这间简朴而朴素的公寓，光秃秃的墙壁和砖砌的人行道，看上去有些奇怪，就像乔治亚娜已经习惯了她那奇异的优雅的闺房一样。但是吸引她注意的主要东西，实际上几乎是唯一的东西，是艾尔默本人的外貌。

他脸色苍白得像死人一样，焦虑而专注，悬在炉上，仿佛它所蒸馏的液体应该是不朽的幸福还是苦难，取决于他的极度警惕似的。这跟他在乔治亚娜的鼓励下所摆出的乐观愉快的姿态有什么不同呢！

“现在仔细，阿米纳达；小心点，你这个人类机器；小心点，你这个黏土人！”艾尔默喃喃自语，与其说是对他的助手说，不如说是自言自语。“现在，如果一个想法太多或太少，都完了。”

“喂！喂！”阿米纳达咕哝着。“看，主人！看！”艾尔默看见乔治亚娜，急忙抬起眼睛，先是红了脸，后来变得比以前更苍白了。他向她冲过去，一把抓住她的胳膊，还留下了手印。

“你为什么到这儿来？你不信任你的丈夫吗？”他性急地嚷道。“你愿意把那致命的胎记的残迹扔到我的劳动上吗？这样做不好。去吧，爱打听的女人，去吧！”

“不，艾尔默，”乔治亚娜说，她的禀赋很坚定，“你没有权利抱怨。你不信任你的妻子。你掩饰了你看着实验进展时的焦虑。别觉得我不配，我的丈夫。告诉我我们面临的所有风险，不要害怕我会退缩。因为我的份儿远远比不上你。”

“不，不，乔治亚娜！”艾尔默不耐烦地说。“绝对不能。”

“我服从，”她平静地回答。“还有，艾尔默，你给我端来什么我就喝什么。但如果你给我毒药，我也会按照同样的原则服下毒药。”

“我高贵的妻子，”艾尔默深受感动地说，“直到现在我才知道你本性的高度和深度。什么也不能隐瞒。那么，你要知道，这只绯红的手，虽然看起来很肤浅，却以我以前从未想象过的力量牢牢地抓住了你的生命。我已经管理了一些足够强大的智力，除了改变你的整个物理系统。只有一件事需要尝试。如果失败了，我们就完蛋了。”

“你为什么会犹豫告诉这个呢？”她问。

“因为，乔治亚娜，”艾尔默低声说，“有危险。”

“危险？只有一个危险——这可怕的耻辱还会留在我的脸上！”乔治亚娜叫道。“把它弄走，把它弄走，不惜任何代价，否则我们都会发疯的。”

“上帝知道你的话太真实了，”艾尔默悲伤地说。“现在，最亲爱的，回到你的闺房去吧。过不了多久，一切都将受到考验。”

他把她领回去，带着一种庄严而温柔的神情和她告别，这比他的言辞更能说明现在的局势是多么危急。他走后，乔治亚娜陷入沉思。她考虑了艾尔默的性格，比以往任何时候都做得更加公正。她的心为他那可敬的爱情而颤抖着，同时又感到高兴——这种爱情是那么纯洁和崇高，它只接受完美，也不会悲惨地满足于他所梦想的那种世俗的天性。她觉得这种感情比那种卑微的感情要珍贵得多，因为那种感情会为了她而忍受这种不完美的感情，会把神圣的爱情的理想贬低到现实的水平而犯了背叛神圣的爱情的罪；她全心全意地祈祷，但愿有那么一刻，她可以满足他最高和最深的观念。她知道这是不可能的，因为他的精神一直在前进，一直在上升，每一刻都需要某种超越前一刻范围的东西。

她丈夫的脚步声把她吵醒了。他拿着一只水晶酒杯，里面盛着一种像水一样无色的液体，但却明亮得足以成为不朽的药水。艾尔默脸色苍白，但这似乎是一种高度紧张的精神状态的结果，而不是恐惧或怀疑。

“这药调得好极了，”他回答乔治亚娜的眼色说。“除非我所有的科学都欺骗了我，否则它不会失败的。”

“为了你的缘故，我最亲爱的艾尔默，”他的妻子说，“我也许希望通过放弃死亡本身而不是任何其他方式来推迟死亡的胎记。对于那些恰好达到我这种道德境界的人来说，生活不过是一种可悲的财产。如果我再软弱一点，再瞎一点，那也许就是幸福了。如果我更坚强些，也许会有希望忍受下去。但是，根据我自己的情况，我认为我是所有凡人中最适合去死的。”

她的丈夫回答说：“但是我们为什么要谈论死亡呢？干旱不会失败。看看它对植物的影响。”

窗台上放着一株天竺葵，叶子上长满了病斑。艾尔默在它生长的土壤上倒了少量的液体。过了一会儿，当植物的根部吸收了水分后，这些难看的斑点开始消失，变成一片生机勃勃的绿色。

“不需要证据，”乔治亚娜平静地说。“把那只高脚杯给我，我愿意把一切都押在你的话上。”

“那么，喝吧，你这崇高的生灵！”艾尔默带着热烈的赞赏喊道。“你的灵魂没有瑕疵的污点。你的身体也很快就会完美无缺的。”

她一饮而尽，把杯子递到他手里。

“我很感激，”她平静地微笑着说。“我认为它就像来自天堂的泉水，因为它含有我不知道的什么不引人注目的芳香和美味。它缓解了我许多天以来的高烧干渴。现在，最亲爱的，让我睡觉。我尘世的感觉正在包围我的灵魂，就像夕阳下玫瑰的花瓣围绕在花心上一样。”

她说最后几个字时有点不情愿，仿佛要说出那微弱而冗长的音节需要的力气比她所能要求的要大得多。它们刚从她嘴里走过，她就睡着了。艾尔默坐在她身边，带着一个男人特有的情感看着她的样子，他存在的全部价值都卷入了这个正在接受考验的过程中。然而，与这种情绪交织在一起的，是一个科学家特有的哲学研究。没有一丁点儿症状逃过他的眼睛。他的面颊涨得通红，呼吸有点不规律，眼皮颤动，画框微微颤动，这些细节，随着时间的流逝，他都记在了对开本上。这本书的前一页都印上了强烈的思想的印记，但多年的思想都集中在最后一页上。

当他这样做的时候，他常常不去盯着那只致命的手，而不是不寒而栗。然而有一次，由于一种奇怪的、难以解释的冲动，他把嘴唇紧紧地贴住了。可是，他刚一行动，他的精神就退缩了。乔治亚娜从沉睡中惊醒过来，不安地动了动，好像在规劝他似的，嘴里念念有词。艾尔默又开始了他的观察。这也不是毫无用处。那只鲜红的手起初在乔治亚娜苍白的脸颊上清晰可见，现在轮廓变得更加模糊了。她的脸色仍然和以前一样苍白，但是，那胎记随着每一次呼吸的来来去去，都多少失去了以前的清晰。它的存在是可怕的，它的离去更加可怕。看着彩虹在天空中逐渐褪色的痕迹，你就会知道那个神秘的象征是如何消失的。

“天呀！它几乎就要完蛋了！”艾尔默自言自语，几乎是难以抑制的狂喜。“现在我几乎找不到它了。成功！成功！而现在，它就像最微弱的玫瑰颜色。她脸上微微泛起一抹红晕，就能克服这种情绪。但是她太苍白了。”

他拉开窗帘，让自然光射进房间，照在她的脸颊上。与此同时，他听到一声粗哑的咯咯笑声，这是他的仆人阿米纳达长时间以来所知道的喜悦的表情。

“啊，笨蛋！啊，尘世的弥撒！”艾尔默狂怒地笑着喊道，“你帮了我的忙！物质和精神（大地和天堂）都在这方面尽了自己的一份力！笑吧，感官之物！你已经赢得了笑的权利。”

这些惊叫打断了乔治亚娜的睡眠。她慢慢地睁开眼睛，对着她丈夫特意安排的镜子看了看。她嘴唇上掠过一丝淡淡的微笑，这时她发现她那只鲜红的手已经几乎看不出来了，这只手曾经闪耀着灾难性的光辉，把他们的幸福全都给吓跑了。但随后她的眼睛寻找艾尔默脸上他无法解释的麻烦和焦虑。

“我可怜的艾尔默！”她低声说。

“可怜？不，是最富有的，最幸福的，最受宠的！”“我无与伦比的新娘，太成功了！你是完美的。”

“我可怜的艾尔默，”她重复道，带着一种超越人类的温柔，“你的目标太远大了，你做得很高尚。不要后悔，因为你的感情是如此高尚纯洁，你拒绝了世界上最好的东西。艾尔默，最亲爱的艾尔默，我要死了！”

唉！这是千真万确的！那只狠毒的手设法掌握了生命的奥秘，是使天使的灵魂与凡人的躯体结合的纽带。当那胎记（人类不完美的唯一标志）的最后一道红晕从她的面颊上褪去之后，如今已完美的女人的离别气息进入了空气，她的灵魂在她丈夫身旁停留了片刻后，便向天飞去了。接着，又听到一阵嘶哑的咯咯笑声！地球总的灭亡总是这样以它对不朽的本质的永恒的胜利而洋洋得意，而不朽的本质在这个半发展的朦胧的领域里，要求一种更高的境界的完整。然而，即使艾尔默达到了更深层次的智慧，他也不必抛弃将他的尘世生活与天国生活编织成同一结构的幸福。暂时的情况对他来说太强烈了；他没有看到时间的阴影之外，也没有在永恒中活过一次，在现在找到完美的未来。

《胎记》
英文赏析

27 小流浪汉

◎安布罗斯·贝尔士

如果你看到小乔在雨中站在路口，你绝不会另眼看他。这雨显然是一场普通的秋季暴雨，但落在小乔身上的雨水却显得特别不同。人们会说它是黑的、黏糊糊的。（小乔的年龄还小，善恶不沾，因此可能不受公平分配法的保护。）但即使在发生了许多怪事情的布莱克堡，雨水这样下的情况也很少见。

比如说，十一二年前，当代编年记录确切地记载，小青蛙雨从天而降，这记录有些含糊，所以记录者认为这种现象有利于法国人种地。

几年后，布莱克堡下了一场深红色的雪。冬天时，布莱克堡很冷，经常下雪而且积雪很深。毫无疑问，奇怪的事情发生了，下的雪是血的颜色，融化后变成血色的水，是的，是水，而不是血。这种现象引起了广泛的关注，科学的解释很多，但是也有很多科学家对此一头雾水。那些多年来一直住在红雪飘落的布莱克堡人可能应该对这种事很了解——他们摇了摇头，说其中必有原因。

奇怪的事情确实来了，第二年夏天，神秘的疾病开始流行，到底是大瘟疫还是地方性瘟疫，只有上帝知道。医生们都不清楚，这场疫病夺走了整整一半布莱克堡的人口。另一半的人大部分都逃跑了，回来时也是犹犹豫豫，但最终还是回来了，人口和以前一样在增加和繁衍，但布莱克堡从那以后就变了。

海蒂·帕洛的鬼魂故事虽然同样“不寻常”，却是另一种故事了。海蒂·帕洛结婚前姓布朗依，在布莱克堡，这意义非凡。

布朗依家族从很久很久以前，最早的旧殖民时代起，就是该镇的望族。他们最为富有和优秀，布莱克堡的百姓会为了捍卫布朗依家族的名声而流尽最后一滴鲜血。家族的成员中很少有人永久住在布莱克堡以外的地方，尽管他们中的大多数人都在外地接受教育，而且其中有相当多的人都出去旅行。男人们担任了大部分的公职，妇女则善于操持。在妇女中，海蒂最受人喜爱，因为她的性情甜美，性格纯洁，娴静美丽。她在波士顿嫁给了一个名叫帕洛的小混混，像一个优秀的布朗依家族成员一样，她立即把他带回了布莱克堡，并将他调教成为一名镇议员。他们育有一个孩子，起名叫约瑟夫，他们深爱着这个孩子，就像当时该地区所有父母的做法一样。不幸的是他们都死于上面提到的神秘疫病，在整整一岁时，约瑟夫便成了孤儿。

对约瑟夫来说，不幸的是，夺走了他父母性命的疫病并没有就此罢休，它继续蔓延几乎夺走整个布朗依家族及其亲友的生命，那些逃跑的人没有能再回来。兴盛的家族就此没落了。布朗依庄园落入了外人的手中，而那里唯一的布朗依人就只剩下长眠在橡树山公墓下的尸骨了。在这片领地他们确实强大，占据了最好的位置，足以抵抗周围部落的侵占。但是鬼魂的故事是怎样哪?

一天晚上，在海蒂·帕洛死去大约三年后，布莱克堡的一些年轻人正乘坐一辆马车经过橡树山公墓——如果你去过那里，你会记得通往格林顿的道路在这公墓的南面。他们在格林顿参加五月节，从而在那里集合。他们可能总共有十几个人，相对镇上最近令人悲痛的过往和留下的阴郁气氛，他们是快乐的一群人了。当他们经过墓地时，驾车的年轻人突然惊叫，勒住了他的马匹。毫无疑问，这太吓人了，就在前方的路边的墓地里，站立着海蒂·帕洛的鬼魂。可以肯定就是她，因为每一个青年男女都认识她。这是确定无疑的。她身上裹着寿衣，披头散发，看上去隐约遥远，肯定是个鬼魂。只见她面向西，伸出双臂，这令人恐惧的幽灵似乎在向天上的夜星祈求。而迷人的夜星是多么的遥远。这群狂欢的年轻人，喝了咖啡和柠檬水取乐，据说他们目瞪口呆地坐着，清楚地听到鬼魂在叫："小乔，小乔!"过了一会儿，周遭就恢复平静了。当然，你们不必相信这些。

就像后来得知的那样，在此时，小乔正在大陆另一边的蒿草丛中徘徊，位置距离内华达州的温尼马卡不远。一些与他死去的父亲有远亲关系的好人将他带到了小镇，收养了他。他得到了良好的照顾。但就在一天晚上，这个可怜的孩子离开了收养地，在沙漠中走丢了。

他后来的行踪不明，断断续续，只能凭猜想才能填补。人们只知道，一个派优特印第安人家庭发现了他，他们收养了这个小家伙一段时间，然后，在离温尼马卡很远的一个车站，把他卖掉了——实际上把他卖给了东去火车上一个女人。这妇女说她沿途打听，但是就是没有找到这孩子的家人。所以，因为她没有孩子又是单身，她就收养了他。在他人生的这个阶段，小乔似乎过得并不像是一个孤儿，因为，很多人像父母亲一样的关照使得他得到了关爱，拯救了他险遭孤儿的悲惨遭遇。

小乔同最后一位抚养人，达内尔夫人住在俄亥俄州的克利夫兰。但他并没有在那里住太久。一天下午，警察看到他蹒跚着离开她家，就询问他，他说他正“回家”。三天后，他出现在怀特维尔镇，我们都知道，那里离布莱克堡很远，他一定是坐火车去的。他的衣着相当完好，但脏得一塌糊涂。由于无法说清楚自己的身份，小乔被当作流浪儿，送入了少年收容所。在那里他终于可以好好地洗了个澡。

有一天，小乔利用去树林里的机会，从怀特维尔的少年收容所逃跑了。收容所从此再没有他的音信。

我们后来再回到小乔身边，回到故事开始的时刻，是在布莱克堡郊区的一个路口，只见他孤零零地站立在寒冷的秋雨中。现在似乎可以解释一下，落在他身上的雨滴真的不是又黑又粘的；这雨滴没有能够洗刷干净他的手和面容。小乔确实是被雨水淋得不成样子，好像是经过了画家的涂抹。这被遗弃的小流浪汉没有穿鞋子。一双赤脚又红又肿，走起路来一瘸一拐。至于衣服——啊，你很难说出他穿的是什么，或者说他用什么神奇的力量把它穿上。他浑身上下都冷透了，冻坏了。冷暖也只有他自己知道。那天晚上，任何人在那里，都会感到寒冷。所以，没有人出现。小乔自己是怎么来到这里的，即使天赋异禀，词汇量超过一百个单词，他也无法为他这飘忽不定的经历做出解释。从他的眼神，我们看得出，对于自己身处的位置和为什么来这里，他毫无概念。

然而，在他那个时代和那一代人中，他并不完全是一个痴人。虽然又冷又饿，他仍然能够抬膝，脚尖着地地步行。街道的房子错落排列，有一间房子看起来明亮和温暖，他于是想进去。但是，当他试图实施这个非常明智的决定时，一只壮实的狗跑了出来，挡住了他的去路。小乔的恐惧无以言表，毫不怀疑地（他有理由这样肯定）认定，屋外恶狗当道，屋内主人难惹。他于是蹒跚地离开了。他左右两侧都是灰色的、潮湿的田野，雨水遮住了他的眼睛。夜晚在薄雾和黑暗中降临，他沿着通往格林顿的道路一直走。通常来说，如果能够成功通过橡树山公墓的话，人们就可以到达格林顿了。但是，每年都有一些人过不了这公墓。

小乔也没有过得了橡树山公墓。

第二天早上，人们发现了他。他浑身湿透冰冷，不用再挨饿了。他显然已经进入了墓地大门，也许是想它会通向一个没有狗把守的房屋。他肯定在黑暗中踉踉跄跄，绊倒在各个坟墓上，直到他疲惫了，放弃了。瘦小的身体侧卧着，一侧脸很脏枕在一只有泥土的手上，另一只手则塞在破烂的衣服中取暖，另一侧的脸颊被雨水冲洗得干净雪白，就像在等待上帝的天使之吻一样。人们发现（当时没有人想到，因为尸体还没有确认）这个小家伙躺在海蒂·帕洛的坟墓上。然而，坟墓并没有敞开来迎接他。如果确实没有不敬的话，人们可能会希望这种事情不会发生在小乔身上。

《小流浪汉》
英文赏析

28 伞 下

◎纳撒尼尔·霍桑

冬日的雨天，最愉悦的事莫过于躲在屋内。在这样的日子里，最好的娱乐就是读一本有关旅行的书，透过朦胧起雾的窗户，想象与窗外的阴郁截然不同的景致。我曾这样做过，此中最精彩的一点就是作者笔下的景物都被赋予了生动鲜明的形状和色彩，他的文字可以召唤出各种景象。陌生的景象开始在家中熟悉的四壁上闪现微光，怪诞的人物也从壁炉里钻了进来。就连我狭小的卧室，也能容纳浩瀚如海的阿拉伯沙漠。沙漠旅队牵引着他们的骆驼，在烈日下缓慢前行。即使我的屋顶低矮，也无法阻挡我堆出亚洲中心最高的山峦，直到它们的顶峰在云层之上映出辉光。我也可以凭借我微薄的收入，到东方集市上买些寻常宝物，与那些来自遥远国度的商人们做笔好买卖。然而真相却是，当我从这熙熙攘攘的闹市中回过神来，雨声在窗玻璃上滴答作响，提醒我实际身处于新英格兰镇上最安静的一条街。过了一会，这种幻象完全消失，并且势必不会再次出现。随着夜幕降临，回归真实的沮丧感压抑着我的心情。冲动之下，我趁宵禁之前走出家门，试图去证明这个世界并非仅由这些令人闷闷不乐的灰暗构成。人陷入梦境太久，往往就会觉得真实世界与心中幻象一样不真实。

夜色低垂，我动身出门。扣紧粗呢大衣，我撑起雨伞，任雨滴在我丝滑的伞面上敲响重重的鼓点。我在最后一级台阶上停下脚步，感受着我那温暖舒适的火炉与我即将踏入的凛冽所形成的鲜明对比。雨势逐渐变大，我开始胆怯起来。如果不是羞耻心作祟，我一定会立刻转身回家，像白天一样消磨时光，重新与我的扶手椅、拖鞋和书本作伴，最后心有不甘地上床睡觉。毫无疑问的是，我的犹豫不决最终平息下来。这让我联想到那些旅行者，正是被心中的冒险精神所驱使，从而用他们丈量世界的双脚迈出了离家的最后一步。

以我为例，可怜的人类总是容易产生疑虑。我抬起头，却望不见天空，这倒不是说它深不可测，而是因为天空漆黑一片，无法穿透，就像天堂里的灯全部熄灭了一般。万籁都仿佛失去生命，整个世界已陷入一片黑暗，云朵也仿佛正在为之悲泣。它们的泪水打湿了我的面颊，我低下头，却也难以躲避。路灯在街角发出微弱的光亮，刚好足以照亮我前行路上的险阻。那座白色银行的建筑废料横在人行道上，直到三月末才会被运走。我大步跨过这冷冰冰的废墟，却迈向了真正的绝望境地——一个泥水污物混合的深坑。没到脚踝了，没到大腿了，没到脖子了……简而言之，这个深坑深不可测，路灯的光也无法照亮。恐惧渐渐向我侵袭，我只敢偶尔睁眼一瞥，我不禁开始犹豫是否该继续陷入这个泥沼。你听！水声是多么狂暴！在街边路灯的微光照射下，急流甚至开始泛红，而水声听上去就像从这片浓稠的黑色里传来的激烈争吵。啊！我会被这湍急而肮脏的洪流冲上浅滩吗？验尸官将会接手一具倒霉绅士的尸体，一个不惧任何困难却陷入泥潭的人！

啐！我将不再与眼前的困境周旋，我拖延得越久，它将会发展得更加势不可挡。就是现在！去吧！带着轻微的伤口，我不顾溅在脸上和胸前的雨水，任裤管上沾满泥点，左靴也浸满冰冷的雨水，就这样狼狈地向前进发。我终于望见了街角。路灯在我身旁投射下一圈红光，与街的对角呼应着闪烁。我仿佛看见了引领我走向光明的灯塔，但眼前却全然是一片孤独阴沉的景象。高大的楼宇独自对抗着风雨，它们紧闭着窗户，就像一个被疾风扑面而不敢眨动双眼的人。这场倾盆大雨的声响震耳欲聋，狂风呼啸，仿佛随时会向我袭来。我经常留意这个拐角，发现风常出没于此。风无法吹动巨轮，也无力撕扯林中树木，只好在这里自娱自乐。看，它正在惊扰那路过街灯的可怜女人。一阵狂风吹过，掀翻了她的雨伞；另一阵风则拨动她裹到眼睛的披肩；第三阵风甚至无礼地解开她的礼服。幸运的是，这是个敦实微胖的女人，而非一缕薄纱，否则她将像乘着扫帚的女巫一样在空中来回打转，最终毫无悬念地落在脏兮兮的狗窝附近。

随后，我沿着人行道走向小镇中心。这里灯火通明，好似战场或选举场上大获胜利时的情景。两边商铺的落地窗上，这光在交相呼应着，而头顶的夜空好似天棚一般，防止这光亮蔓延。湿漉漉的人行道上反射着柔和的红光，透亮的雨滴就像从天而降的红宝石。夜空仿佛正在喷火。我想，这种景象象征着华而不实的光明，迷惑着凡人们在道德世界里四处游走，直到他们忘记了他们身上那无法改变的卑微。毕竟，这片光景之所以黯淡，也是因为那些不快乐的人徘徊其中。这时，走过一位对这恶劣天气习以为常的人，风的怒吼在他眼里就像一句友好的问候：过得好吗，老兄？他是个退休海员，身穿一件没有牌子的厚呢短大衣，正和一群跟他一样的老水手聚集在通往海运办公室的路上，编造着关于飓风和海难的奇闻逸事。风声将会盖过他们沙哑的声音。接下来，我遇见了一位郁郁寡欢、不拘小节的绅士，匆忙随意地披着一件披风。他正竭力避雨，脸被风吹得面目扭曲。一个家庭医生以急诊或别的什么为由将这个可怜的人从温暖的火炉旁赶了出来。看那个小流浪汉（他在大雨中吊儿郎当地站着），盯着橱窗里的稀奇的商品。这雨确是他的本性；他肯定像青蛙一样，是和这雨一起从云层落下来的。

这里有一幅令人赏心悦目的画面。一对裹在披风下的年轻男女，在布伞的遮蔽下挤在一起。女孩穿着橡胶雨鞋，而男孩却穿着舞鞋。毫无疑问，他们此行想要前往沙龙舞会或慈善舞会（那里的门票一美元一位，包含茶点）。他们被这种节日的光鲜亮丽所吸引，冒着暴风雨上了路。但是，唉！最不幸的事情发生了。在药店门口，他们被彩色的光晃住了眼睛，不慎踩上一块光滑的残冰，跌倒在了两街拐角处暴涨的河水里。不幸的恋人啊！如果不是我的本性促使我当一个看客，我定会伸出援助之手。我发誓，既然你们也许不会被淹死，不会编造出一个悲惨的故事，好让眼泪再来淹死你们两人。我年轻的朋友们，你们沉到底了吗？是的，他们就像水中的仙女和河神，手拖着手从漆黑的深水中游了出来。他们浑身湿漉漉的匆忙向家里奔去，既落寞，又难为情，但他们彼此之间那炙热的爱情抵挡住了这冰冷的河水。他们刚刚经历了一场考验。这考验对很多人是过于猛烈了，但是却是忠实的考验，从头到脚的考验！

我向前走，目睹了市井生活中形形色色的爱与悲伤。玻璃橱窗上时而映出我的身影，时而随一阵黑暗黯淡下去。我并非善变，只是没有信仰罢了。此刻，我走上一条更为僻静的街道，富豪和穷人的住宅交杂在一起，形成了鲜明对比。我或许能在这里找到一条中庸之道。透过远处的窗，我看到了围坐在一起的一家人——有祖母，父母和他们的孩子们。他们的身影都随着摇曳的柴火若隐若现。狂躁的风和急促的雨击打着窗玻璃，也没有影响到屋内融洽的气氛。我今晚的确过得十分坎坷，在这无边无际的夜里无家可归。我选择了风雨和寂寞，而不是在家里和妻子和孩子作伴。我小声安慰自己镇定下来。毫无疑问的是，温暖的火光掩饰住了这家人的一切不幸，我所能看到的只是一家人围坐在壁炉旁的影子。好吧，我向前走，看到了一片更加其乐融融的景象。一座宏伟的豪宅正在举办舞会，每个房间都被玻璃吊灯和雪白的台灯照亮，墙上挂着令人愉悦的山水画。看！一架四轮马车停了下来，从里面走出了一位苗条美人。她被两把雨伞保护着，轻盈地走进大门，消失在了辉煌的灯火和激荡的旋律中。她能感受到这凄风寒雨吗？也许吧！死亡和悲伤又可曾踏进过这座豪宅半步？我能确定的只有一件事，舞者将会在今晚的舞会中纵情享乐。这些想法令我感到沮丧；但我很快又重新释然了。这些事让我明白了，穷人，即使住在没有火炉，风雨飘摇的陋室里，也能在某种意义上和富人称兄道弟（他们都是“不幸”的兄弟），因为“不幸”同时栖身在穷人和富人的屋檐下。同样，他们也都是“死亡”的兄弟，因为在“死亡”的带领下，他们终将殊途同归。

我继续向前走，隐没在了黑夜之中。现在，我走到了小镇尽头，最后的灯光仍在向黑暗做着徒劳的挣扎，就像那在未知国度的边界处站岗的星星。奇怪的是，简陋的环境里却总有一种崇高的氛围。狗舍旁的急流从一个铁炉栅下面涌进地下，从地底传出闷响。谛听片刻这秘密的声音，它正被幻想不断放大，直到你意识到这只是你的幻想而已。此刻，又出现了另一种声音（隆隆的行车声）。它就像邮差马车一样，重重碾过人行道并溅起泥水。车上可怜的乘客们整夜都在半梦半醒中摇来晃去。或许他们会梦见自己那安静的憩所，一睁眼却发现自己还颠簸在路上。相比之下，径直走回那熟悉的家的我则要快活得多。我将在炉火前安逸地烤着面包，听着音乐，断断续续地打着盹，依据今晚的见闻继续幻想出一个陌生的世界。但我现在首先要凝视着眼前这个孤单的身影。他提着一盏锡灯走来，光晕在他的周围圈出了一个空心圆。他毫不畏惧地走进了那令我无法企及的未知的黑暗。

这个身影给予了我极大的精神鼓励。鉴于没有更合适的题材，我将以他来结束我的叙述。他那盏在家里点燃的灯，令他不惧前方阴暗的道路，并将指引他重新回到那熟悉而明亮的炉火旁。因此，如果我们这些在凄风苦雨中穿行的夜游者，能够举起那被神明的火焰所点燃的信仰之灯，我们也将会在其指引之下从家走向那光明的源头——天堂。

《伞下》
英文赏析